Una Guía de Bosquejo para Queremos Ver a Jesús

Edición del Maestro

De
Pastor Jeremy Markle

Por
Queremos Ver a Jesús
de
Roy Hession

Los Ministerios de Caminando en la PALABRA
Misionero/Pastor Jeremy Markle
www.walkinginthewordministries.net

Una
Guía de Bosquejo
para
Queremos Ver a Jesús
Edición del Maestro

Esta guía de bosquejo fue preparado por
Pastor Jeremy Markle
del libro de Roy Hession, *Queremos Ver a Jesús*

Queremos Ver a Jesús
© CTC, Colombia, Bogotá, D.C., Colombia, 1993.
Usado con permiso del Roy Hession Trust, Escocia.

El texto bíblico ha sido tomado del Texto bíblico: *Reina-Valera*®
© 1960 Sociedades Bíblicas en América Latina, 1960.
Renovado © Sociedades Bíblicas Unidas, 1988.
Utilizado con permiso.

Reina-Valera 1960® es una marca registrada
de las Sociedades Bíblicas Unidas,
y se puede usar solamente bajo licencia.

Copyright © 2018 por Pastor Jeremy Markle.

Reservados todos los derechos.
Prohibida la reproducción total o parcial en cualquier forma,
(escrita o electrónica) sin la debida autorización del autor.

Publicado por Los Ministerios de Andando en la PALABRA
Walking in the WORD Ministries
www.walkinginthewordministries.net

Impreso en los Estados Unidos.

ISBN: 978-1947430082

Prólogo

Esta guía en forma de bosquejo fue escrita para mejorar su capacidad de comprender, recordar, y aplicar las verdades espirituales importantes compartidas por Roy Hession en su libro *Queremos Ver a Jesús*. Después de leer cada capítulo, puede revisar su contenido por llenar los blancos, tomar en cuenta los pasajes adicionales proporcionados, y responder a las preguntas dadas bajo Reflexión y Aplicación. A lo largo de esta guía de bosquejo, hay algunas características especiales que le ayudarán a centrarse en las verdades que se enseñan:

Las citas del texto - Las citas largas y cortas que se toman directamente del texto se proporcionan para enfatizar las verdades espirituales que se enseñan.

Las citas bíblicas y referencias - Numerosas citas bíblicas y referencias de los versículos del texto se dan en el bosquejo para tomar en cuenta la consideración personal de la autoridad de la Palabra de Dios para cada tema.

Las citas bíblicas adicionales - Las citas bíblicas adicionales que no se mencionan en el texto se han citado en las cajas tituladas "Verdad Adicional," y aumentan el tema mencionado.

Las referencias bíblicas adicionales - Las referencias adicionales de las Escrituras que no se mencionan en el texto se han impreso en cursiva a través del bosquejo, y pueden ser vistas para mejorar la comprensión del tema mencionado.

Las preguntas de reflexión y aplicación - Las preguntas en las cajas tituladas *Reflexión y Aplicación* se proporcionan a través del bosquejo para tomar en cuenta la aplicación personal y práctica de lo que se ha aprendido.

Esta guía de bosquejo se publica en dos ediciones. La Edición del Maestro que ya tiene cada espacio lleno para ayudarle durante la instrucción pública. La Edición del Estudiante tiene espacios en blanco que se pueden llenar en un ambiente de grupo o de forma individual durante el estudio personal.

Es mi más profundo deseo de que esta guía de bosquejo sea una ayuda práctica, dirigiendo sus ojos espirituales hacia Jesucristo a través de las verdades espirituales importantes que se encuentran en *Queremos Ver a Jesús*.

Pastor Jeremy Markle

Indice

Viendo a Dios – El Propósito de la Vida 7

Viendo a Dios – En el Rostro de Jesucristo 23

Viendo a Jesús como Nuestra Necesidad Absoluta 35

Viendo a Jesús Como la Verdad 45

Viendo a Jesús Como la Puerta 63

¿Sinaí o Calvario? 85

Viendo a Jesús Como el Camino. 103

Viendo a Jesús Como Nuestra Meta 123

Viendo a Jesús por Otros 133

Queremos Ver a Jesús
Guía de Bosquejo

Capitulo 1

Viendo a Dios – El Propósito de la Vida

"Mi meta es Dios mismo,
no el gozo, ni la paz,
ni aun la bendición,
sino Él, mi Dios."

Viendo a Dios–El Propósito de la Vida

"¿Cuál es el propósito de la vida? Esta es la pregunta a la cual la mayoría de nosotros ha anhelado encontrarle la respuesta. Nosotros mismos nos vemos arrastrados y empujados en diferentes direcciones por urgencias internas, anhelos, y deseos que nos parecen imposibles de satisfacer. Vemos con envidia a otros y nos imaginamos que sus vidas son más plenas y satisfactorias que las nuestras. Pensamos que si pudiéramos ganarnos determinados premios, o disfrutar de ciertos placeres, nos sentiríamos realmente satisfechos, pero, cuando al fin los alcanzamos, nos damos cuenta que no somos más felices que anteriormente. Y, cuanto más envejecemos, mayor frustración experimentamos, haciéndonos siempre la misma pregunta: ¿Cuál es el propósito de la vida? ¿Cómo podré hallarlo? ¿Cómo identificar al verdadero? Estas son preguntas que necesitan ser resueltas tanto por los que profesan ser cristianos como por las personas que no conocen a Dios."

"Sin embargo, cuando nos volvemos a la Biblia encontramos una respuesta clara y sencilla a esta pregunta fundamental, la cual, establece plenamente que el propósito de la humanidad es uno solo, cualesquiera sea el sexo, edad, nacionalidad, o estado social de los individuos en particular."

Deuteronomio 10:12
12 Ahora, pues, Israel,
¿qué pide Jehová tu Dios de ti, sino que temas a Jehová tu Dios,
que andes en todos sus caminos, y que lo ames,
y sirvas a Jehová tu Dios con todo tu corazón
y con toda tu alma;

Miqueas 6:8
8 Oh hombre, él te ha declarado lo que es bueno,
y qué pide Jehová de ti:
solamente hacer justicia, y amar misericordia,
y humillarte ante tu Dios.

Queremos Ver a Jesús - Guía de Bosquejo
Viendo a Dios—El Propósito de la Vida

Marcos 12:30
30 Y amarás al Señor tu Dios con todo tu corazón, y con toda tu alma, y con toda tu mente y con todas tus fuerzas. Este es el principal mandamiento.

Verdad Adicional

Eclesiastés 12:13-14
13 El fin de todo el discurso oído es este: Teme a Dios, y guarda sus mandamientos; porque esto es el todo del hombre.
14 Porque Dios traerá toda obra a juicio, juntamente con toda cosa encubierta, sea buena o sea mala.

"Está a la vista entonces, que la Biblia responde la pregunta, '¿Cuál es el propósito de la Vida?'. Es conocer, amar y caminar con Dios; esto es ver a Dios ... '¿cuál es el principal fin del hombre?' ... 'Él fin principal del hombre es glorificar a Dios y gozarse con El por siempre'."

"Hoy, sin embargo, no oímos mucho sobre la necesidad de ver a Dios. Pero, al volver las páginas del pasado nos damos cuenta de nuestra falta de enfatizar esto en nuestros sermones como en la vida cristiana. En aquellos primeros días encontramos, aun en los tiempos de obscuridad espiritual, que siempre hubo algunos creyentes que estaban dominados por una pasión que los consumía: el anhelo de ver a Dios. Para ellos existía una sola meta, conocer a su Dios. Sus corazones estaban sedientos y sabían que sólo Dios podía satisfacerles su sed."

"En los tiempos que vivimos la situación es muy distinta. Tenemos mucha más luz en la Biblia y en el mensaje del Evangelio, por lo cual a veces miramos despectivamente a aquellos buscadores del ayer. Pero el hecho más impresionante, es que la llegada de más luz no nos ha aumentado la pasión por ver a Dios. En realidad, parece que ha tenido un efecto contrario. Falta esa hambre profunda por ver a Dios, lo cual podría revelar que hemos rebajado la meta de nuestra vida cristiana, contentándonos con algo inferior a la propia Persona de Dios."

I. **Dos posiciones muy significativas están vigentes hoy**
   A. En lugar de insistir en la santidad con el fin de ver a Dios, se enfatiza el servicio a Dios.

"Hemos llegado a creer que la vida cristiana consiste en servir a Dios tan completa y eficientemente como podamos ... Así, la calidad o productividad de los servicios prestados se ha convertido en el patrón de evaluación de la vida cristiana, y muy frecuentemente, la consagración de un hombre a Dios es juzgada por los éxitos que haya alcanzado en su trabajo y obras cristianas."

      1. Las técnicas y los métodos ... son lo de mayor importancia
II Corintios 4:1-4

      2. Nuestro anhelo de Dios se ha trocado por el empeño de lograr una capacidad mayor para servir más efectivamente a la causa del evangelio
Apocalipsis 2:1-7

Queremos Ver a Jesús - Guía de Bosquejo
Viendo a Dios—El Propósito de la Vida

Verdad Adicional

I Samuel 15:22
22 Y Samuel dijo:
¿Se complace Jehová tanto
en los holocaustos y víctimas,
como en que se obedezca a las palabras de Jehová?
Ciertamente el obedecer es mejor que los sacrificios,
y el prestar atención que la grosura de los carneros.

Reflexión y Aplicación

✎¿De qué manera ha estado más preocupado por servir a Dios que por conocer a Dios?
_____
_____
_____

    B. Una tendencia a enfatizar la búsqueda de <u>experiencias</u> espirituales
"... es bueno que algunos se preocupan por sus vidas cristianas, lo que está correcto. Sin embargo, este empeño no procede del hambre por Dios, sino del ansia por las experiencias internas de felicidad, gozo y poder, y nos encontramos buscando ese "algo" en vez de buscar a Dios."
Filipenses 3:1-9

Verdad Adicional

Salmos 46:10
*10 Estad quietos, y conoced que yo soy Dios;
Seré exaltado entre las naciones;
enaltecido seré en la tierra.*

Verdad Adicional

Filipenses 3:10
*10 a fin de conocerle,
y el poder de su resurrección,
y la participación de sus padecimientos,
llegando a ser semejante a él en su muerte,*

Reflexión y Aplicación

✎ ¿De qué manera ha estado más preocupado por las experiencias espirituales personales que por conocer a Dios?

_____
_____
_____

"Ambos fines se quedan muy lejos
de lo que Dios dispuso para el hombre:
glorificar a Dios y gozarse con Él por la eternidad.
Tales hombres no satisfacen el corazón de Dios
y tampoco satisfacen los nuestros."

Queremos Ver a Jesús - Guía de Bosquejo
Viendo a Dios–El Propósito de la Vida

II. **Por qué ver a Dios debería ser el propósito principal de la vida**
   A. La historia del hombre comenzó con Dios
   "Dios, Quien es completo en Sí mismo, deliberadamente escogió, tal parece, estar incompleto sin las criaturas de su propia creación, ... Fue este el propósito y no otro que agradar a Dios, por el cual el hombre vino a la existencia."

Apocalipsis 4:11
11 Señor, digno eres de recibir la gloria y la honra y el poder;
porque tú creaste todas las cosas,
y por tu voluntad existen y fueron creadas.

Verdad Adicional

Génesis 1:26-27
26 Entonces dijo Dios:
Hagamos al hombre a nuestra imagen,
conforme a nuestra semejanza;
y señoree en los peces del mar,
en las aves de los cielos, en las bestias,
en toda la tierra,
y en todo animal que se arrastra sobre la tierra.
27 Y creó Dios al hombre a su imagen,
a imagen de Dios lo creó;
varón y hembra los creó.

---

   1. El hombre fue creado para ser el deleite de Dios
      Romanos 11:34, Colosenses 1:16-17

Queremos Ver a Jesús - Guía de Bosquejo
Viendo a Dios–El Propósito de la Vida

2. El hombre fue creado para ser el objeto del afecto de Dios
   Hebreos 2:6-8
   a. Corresponder a tan Divino amor
   b. Vivir para El
   c. Hacer Su voluntad

"Era su gozo someter continuamente su voluntad y sus deseos a su Creador, sin obrar nunca independientemente. Vivió así el hombre en sumisión a Dios y todas las necesidades de su naturaleza humana eran satisfechas por Dios."

"Insistir entonces,
en que la meta suprema de la vida del hombre
es ver a Dios y vivir en estrecha relación con El,
no es exigir nada extraño o antinatural.
Es el verdadero propósito por el cual fuimos creados,
la absoluta 'razón de la existencia' de nuestro ser en la tierra."

Verdad Adicional

Génesis 1:29-31
*29 Y dijo Dios:
He aquí que os he dado toda planta que da semilla,
que está sobre toda la tierra,
y todo árbol en que hay fruto y que da semilla;
os serán para comer.
30 Y a toda bestia de la tierra,
y a todas las aves de los cielos,
y a todo lo que se arrastra sobre la tierra,
en que hay vida,
toda planta verde les será para comer. Y fue así.*

Queremos Ver a Jesús - Guía de Bosquejo
Viendo a Dios–El Propósito de la Vida

> **Verdad Adicional**
>
> *31 Y vio Dios todo lo que había hecho, y he aquí que era bueno en gran manera. Y fue la tarde y la mañana el día sexto.*

Reflexión y Aplicación

✎ ¿De qué maneras puede deleitar a Dios y disfrutarle siendo el objeto de Su afecto?
_____
_____
_____

B. El único propósito de Dios de <u>redimir</u> al mundo con la vida de nuestro Señor Jesucristo

"... el hombre perdió muy pronto el propósito Divino para su vida y necesitó la redención. La amorosa y sumisa amistad con Dios no duró mucho tiempo. Aquellos paseos juntos en el fresco del día llegaron a su fin cuando el pecado irrumpió en el paraíso."

1. El hombre deliberadamente escogió no depender más en Dios

    Romanos 3:10-19

    "Se elevó a sí mismo, colocándose en el centro de su mundo en el lugar de donde antes se había gozado en colocar a Dios. Desde entonces se volvió un espíritu rebelde y orgulloso. No se sometería más voluntariamente a su Creador. No reconocería más haber sido creado por El."

Queremos Ver a Jesús - Guía de Bosquejo
Viendo a Dios–El Propósito de la Vida

Romanos 3:11
11 No hay quien entienda,
No hay quien busque a Dios.

2. De parte de Dios, la base de Su <u>compañerismo</u> con el hombre había sido rota, porque Dios en su Santidad no puede tener compañerismo con un hombre que no es santo
*Habacuc 1:13a
"No puede haber comunión entre la luz y las tinieblas, entre la santidad y el pecado; el hombre instintivamente, se dio cuenta de esto y su primera reacción fue la de ocultarse de la presencia de Dios, detrás de los árboles del jardín."
*II Corintios 6:14

Verdad Adicional

Génesis 3:7-8
7 Entonces fueron abiertos los ojos de ambos,
y conocieron que estaban desnudos;
entonces cosieron hojas de higuera,
y se hicieron delantales.
8 Y oyeron la voz de Jehová Dios
que se paseaba en el huerto, al aire del día;
y el hombre y su mujer se escondieron
de la presencia de Jehová Dios
entre los árboles del huerto.

"Así perdió el hombre el Divino propósito original para su vida. Ha determinado Dios dejar al hombre allí, con su separación y todas las miserias que le seguirán inevitablemente, sin que ningún ángel en los cielos pueda acusarlo a El de injusticia o de falta de amor."

"Para crear al hombre Dios habló
y todo fue hecho,
pero para redimirlo tuvo que derramar Su sangre.
Esto fue cumplido en la persona de Su Hijo Jesucristo,
quien fue enviado para tomar nuestro lugar
y morir en la cruz por la multitud de nuestros pecados."

Apocalipsis 13:8
*8 Y la adoraron todos los moradores de la tierra
cuyos nombres no estaban escritos en el libro
de la vida del Cordero
que fue inmolado desde el principio del mundo.*

Verdad Adicional

Isaías 53:5
*5 Mas él herido fue por nuestras rebeliones,
molido por nuestros pecados;
el castigo de nuestra paz fue sobre él,
y por su llaga fuimos nosotros curados.*

"Si el volvernos a poner en relación con Dios
fue el propósito de Su Creación y de la Redención,
podemos estar seguros
que este será el principal objetivo en Sus tratos con nosotros ...

Queremos Ver a Jesús - Guía de Bosquejo
Viendo a Dios–El Propósito de la Vida

Si por voluntad propia no le queremos y buscamos,
frecuentemente permitirá que nos lleguen penas, sufrimientos,
pruebas, enfermedades, frustraciones y fracasos,
para que en nuestra necesidad le recurramos a El.
Estos sufrimientos, sin embargo, no son punitivos,
sino completamente restaurativos en su intención.
Es el AMOR humillándonos y atrayéndonos
al arrepentimiento ante Dios."

Reflexión y Aplicación

✎ ¿Qué significa el sacrificio de Su Hijo por parte de Dios para redimirle a usted de su pecado?

_____
_____
_____

III. Por qué nuestros propósitos no alcanzan el propósito de Dios para nuestra vida

"A la luz de todo esto, podemos ver cuán lejos están nuestras metas de la gran meta que Dios tiene en mente para nosotros. Las tales metas son el servicio y las actividades dedicadas a Dios, o la búsqueda de experiencias espirituales especiales."

"Al concentrarnos en el servicio
y las actividades consagradas a Dios,
frecuentemente nos desviamos de la verdadera meta:
Dios mismo."

Queremos Ver a Jesús - Guía de Bosquejo
Viendo a Dios–El Propósito de la Vida

A. La vista nuestra de la meta del servicio
 1. Parece <u>heroico</u> tirar nuestras vidas a un lado para servirle a Dios y a nuestro prójimo.
 2. No parece <u>egoísta,</u> mientras que concentrarnos en caminar con Dios sí lo parece.
B. La vista de Dios de la meta del servicio
 1. Él está más preocupado por nuestra <u>frialdad</u> de corazón para con Él.
 Apocalipsis 3:14-22
 2. Él está más preocupado por el orgullo de nuestra naturaleza <u>rebelde</u>.
 I Samuel 15:22-23

Verdad Adicional

Salmos 34:18
*18 Cercano está Jehová
a los quebrantados de corazón;
Y salva a los contritos de espíritu.*

Queremos Ver a Jesús - Guía de Bosquejo
Viendo a Dios–El Propósito de la Vida

> **Verdad Adicional**
>
> Salmos 51:15-17
> *15 Señor, abre mis labios,*
> *Y publicará mi boca tu alabanza.*
> *16 Porque no quieres sacrificio, que yo lo daría;*
> *No quieres holocausto.*
> *17 Los sacrificios de Dios*
> *son el espíritu quebrantado;*
> *Al corazón contrito y humillado no despreciarás tú,*
> *oh Dios.*

"El servicio cristiano en sí mismo (con mucha frecuencia) no toca nuestra naturaleza egoista. Por esta razón, casi no se encuentra una iglesia, misión, o un comité a cargo de algún servicio especial que no tenga problemas de relaciones personales, con lo cual se perjudica y se desvía en su progreso ... Pensamos que estamos trabajando para Dios, pero, la prueba de lo pequeño que es nuestro servicio para Él, se revela en nuestro resentimiento y autocompasión cuando las acciones de los demás, las circunstancias, o la enfermedad nos tocan."

"En estas condiciones, estamos tratando de dar a otros una respuesta que para nosotros no es verdadera ni suficiente."

"Entonces, el propósito de la vida es ver a Dios y permitirle que nos vuelva a la antigua relación de sumisión a El."

Reflexión y Aplicación

✎¿Qué áreas de su vida y ministerio han sido impulsados por el interés propio y necesita ser reconocido en que le mantienen alejado de la verdadera meta de Dios para su vida de verlo y conocerlo?

_____

_____

_____

"Se ha dicho que en el corazón de cada hombre hay un espacio vacío que tiene la forma de Dios. Pero, también es cierto, que en el corazón de Dios hay un lugar con la forma de cada hombre. Por eso es que Dios nos busca constantemente; las cosas terrenales, ni siquiera el servicio, podrán jamás satisfacer nuestros corazones. Sólo Dios puede llenar ese lugar que lleva Su forma."

Queremos Ver a Jesús
Guía de Bosquejo

Capítulo 2

Viendo a Dios –
En el Rostro de Jesucristo

"Sin embargo,
la gloriosa verdad central del cristianismo,
es que Dios ha hecho una completa
y final revelación de sí mismo
que permite que le comprendamos
y le hace más accesible y deseable,
aun para los más simples y temerosos de nosotros.
Esto lo ha hecho por medio de Su Hijo ...
Ese Hijo es el Señor Jesucristo."

Viendo a Dios – En el Rostro de Jesucristo

"Quizás el capítulo anterior nos ha dejado cierto sentimiento de frustración. Estamos de acuerdo con los argumentos y comprendemos que nuestra meta única debe ser Dios, pero nos parece lejano e inaccesible."

"La verdad es que no podremos conocer a Dios a menos que tengamos una sencilla concepción de su revelación. Por apartarse de esta revelación los hombres han buscado a tientas a Dios en vano, y hasta han llegado a decir como Job: 'Quién me diera el saber dónde hallar a Dios' (Job 23:3) ... Por sí solo, el hombre llega a un falso conocimiento de Dios con el cual sólo obtiene temor y esclavitud y, en vez de atraerle a Dios le aleja aún más de Él."

"Sin embargo,
la gloriosa verdad central del cristianismo,
es que Dios ha hecho una completa
y final revelación de sí mismo
que permite que le comprendamos
y le hace más accesible y deseable,
aun para los más simples y temerosos de nosotros.
Esto lo ha hecho por medio de Su Hijo ...
Ese Hijo es el Señor Jesucristo."

Juan 14:9
9 Jesús le dijo:
¿Tanto tiempo hace que estoy con vosotros,
y no me has conocido, Felipe?
El que me ha visto a mí, ha visto al Padre;
¿cómo, pues, dices tú: Muéstranos el Padre?

Colosenses 1:15
15 El es la imagen del Dios invisible,
el primogénito de toda creación.

II Corintios 4:6
6 Porque Dios,
que mandó que de las tinieblas resplandeciese la luz,
es el que resplandeció en nuestros corazones,
para iluminación del conocimiento de la gloria de Dios
en la faz de Jesucristo.

"Al mirar a la cara de Jesús,
Él permite que brilla en nuestros corazones
la luz del conocimiento de la gloria de Dios,
la cual es imposible ver en cualquier otro lugar."

I. **Tres bellas ilustraciones de cómo Jesús revela a Dios el Padre**

Juan 1:1
1 En el principio era el Verbo,
y el Verbo era con Dios, y el Verbo era Dios.

Hebreos 1:3
3 el cual, siendo el resplandor de su gloria,
y la imagen misma de su sustancia,
y quien sustenta todas las cosas con la palabra de su poder,
habiendo efectuado la purificación de nuestros pecados
por medio de sí mismo,
se sentó a la diestra de la Majestad en las alturas,

A. Él es llamado "el <u>VERBO</u>" (Juan 1:1)
Juan 1:14, Apocalipsis 19:11-13
B. Él es llamado "la <u>IMAGEN</u> misma de su sustancia ..." (Heb. 1:3)
*Colosenses 1:13-15

C. Él es llamado "el <u>resplandor</u> de gloria" (Heb. 1:3)
II Corintios 4:6

"... así como Jesús es el Hijo de Dios, que siendo igual al Padre, es independiente como Persona. Nos lo revela a nosotros en tal forma que podemos apreciarlo fácilmente."

> **Verdad Adicional**
>
> **II Corintios 4:4**
> *4 en los cuales el dios de este siglo
> cegó el entendimiento de los incrédulos,
> para que no les resplandezca la luz del evangelio
> de la gloria de Cristo,
> el cual es la imagen de Dios.*

"En ningún otro lugar podemos ver tan completamente a Dios, sino en la faz de Jesucristo."

Reflexión y Aplicación

✎ ¿Cuáles son algunos de los atributos de Dios que le han sido revelados a través de la vida y el ministerio de Jesús?

_____
_____
_____

Queremos Ver a Jesús - Guía de Bosquejo
Viendo a Dios – En el Rostro de Jesucristo

II. Ver la gloria de Dios en la cara de Jesucristo

"El versículo que estamos considerando dice que no solamente 'la luz del conocimiento de Dios', sino además, 'a luz del conocimiento de la gloria de Dios en el rostro de Jesucristo'. Vemos pues en El, no solamente a Dios sino a su Gloria manifestada. Esto nos da un nuevo conocimiento de lo que hace glorioso a Dios, lo que nos sorprende y a la vez nos hace estremecer."

   A. La apariencia física del rostro de Jesucristo
      "... por la maldad de los hombres."
      1. Está muy <u>marcada</u>
      2. Está <u>abofeteada</u>
      3. Está <u>desfigurada</u>

Isaías 52:14
*14 Como se asombraron de ti muchos,
de tal manera fue desfigurado de los hombres su parecer,
y su hermosura más que la de los hijos de los hombres,*

Verdad Adicional

Mateo 26:67
*67 Entonces le escupieron en el rostro,
y le dieron de puñetazos, y otros le abofeteaban,*

"Pero, dirán ustedes,
esta no es una visión de gloria
sino de vergüenza y desgracia.
Sin embargo,
es gloria a la manera como Dios la concibe,
porque la gloria de Dios consiste
en algo muy distinto a lo que nosotros los hombres suponemos."

B. El significado espiritual del rostro de Jesucristo

"La gloria de los hombres es considerada normalmente como la confianza en su propia habilidad, su auto—exaltación, y el sometimiento de otros a su voluntad o gobierno. Eso es gloria, eso es poder, dice el mundo."

"En Jesús, sin embargo, vemos que la gloria de Dios consiste exactamente en lo contrario ..."

1. La gloria de Dios está en Su Voluntad de <u>humillarse</u> por amor al hombre.

Verdad Adicional

Filipenses 2:5-8
*5 Haya, pues, en vosotros este sentir
que hubo también en Cristo Jesús,
6 el cual, siendo en forma de Dios,
no estimó el ser igual a Dios
como cosa a que aferrarse,
7 sino que se despojó a sí mismo,
tomando forma de siervo,
hecho semejante a los hombres;
8 y estando en la condición de hombre,
se humilló a sí mismo,
haciéndose obediente hasta la muerte,
y muerte de cruz.*

---

2. La gloria de Dios está en el hecho de que oculta Su poder y muestra <u>gracia</u> a todos los que sin merecerlo vuelven a El arrepentidos de sus pecados.

Éxodo 33:18-19
18 El entonces dijo:
Te ruego que me muestres tu gloria.
19 Y le respondió:
Yo haré pasar todo mi bien delante de tu rostro,
y proclamaré el nombre de Jehová delante de ti;
y tendré misericordia del que tendré misericordia,
y seré clemente para con el que seré clemente.

"mostrando en esta forma sus bondades (las cuales son llamadas 'gracia' en el Nuevo Testamento) con las cuales estaba mostrando Su Gloria (Efesios 1:6)."

Efesios 1:6
6 para alabanza de la gloria de su gracia,
con la cual nos hizo aceptos en el Amado,

"Este fue el concepto de gloria que ocupaba la mente de nuestro Salvador. En una ocasión, dijo: 'Ha llegado la hora para que el Hijo del Hombre sea glorificado'. (Juan 12:23). Unos pocos versículos más adelante nos habla de la hora cuando será levantado para atraer a todos los hombres a El. (Juan 12:32) ... 'Esta', dijo Jesús en otras palabras: 'es la hora de Mi gloria, porque es la hora de Mi gracia para los pecadores'. En Jesús entonces, vemos que la más alta gloria de Dios consiste en depararnos la más profunda felicidad. ¡Qué Dios el nuestro!"

"Necesitamos sólo mirar por consiguiente,
el rostro de Jesucristo
para ver a Dios y conocerlo tal como El es realmente."

Queremos Ver a Jesús - Guía de Bosquejo
Viendo a Dios – En el Rostro de Jesucristo

"Todo cuanto necesitamos conocer del Padre nos ha sido revelado en nuestro Señor Jesús, con tal simplicidad que hasta un niño puede comprenderlo ... Con tanta simplicidad que a menos que lleguemos a ser como niños no lo comprenderemos, por lo cual a menudo nuestro intelecto es el mayor estorbo."

> **Verdad Adicional**
>
> **Marcos 10:15**
> *15 De cierto os digo, que el que no reciba el reino de Dios como un niño, no entrará en él.*

Reflexión y Aplicación

✎ ¿De qué manera su búsqueda de la gloria humana (orgullo) le impidió realizar la gloria de Dios en su vida (ver a Dios en Jesús)?

_____
_____
_____

III. ¿Qué significa "ver a Jesús"?
  A. Ver a Jesús no quiere decir que debemos procurar verlo ...
   1. En una forma <u>mística</u>
   2. Desear vehementemente una <u>visión</u>

3. <u>Contemplar</u> a Jesús y Su amor, o deleitarnos académicamente con la verdad

"Pablo fue muy reticente con lo que había visto. (2 Co. 12:1-5). El hecho de tener una visión no significa necesariamente que hemos conocido al Señor Jesús más profundamente que ninguna otra persona; esto algunas veces se convierte en un obstáculo."

Verdad Adicional

Marcos 8:11-12
*11 Vinieron entonces los fariseos
y comenzaron a discutir con él,
pidiéndole señal del cielo, para tentarle.
12 Y gimiendo en su espíritu, dijo:
¿Por qué pide señal esta generación?
De cierto os digo
que no se dará señal a esta generación.*

B. Ver a Jesús es ...
1. <u>Percibir</u> en El la solución de todas nuestras necesidades presentes
2. <u>Entregándonos</u> confiadamente a El

"El Señor Jesús se ve siempre a través del ojo de la necesidad. El se nos hace presente por medio de las Santas Escrituras, no para una contemplación académica o por placer, sino por nuestra urgente necesidad y por causa de nuestras debilidades y pecados. El reconocimiento de la necesidad y la confesión de los pecados es el primer paso para ver a Jesús. Cuando ya hay un reconocimiento de la necesidad, el Espíritu Santo se goza en presentar a nuestro corazón al Señor Jesucristo como la provisión justa para nuestra necesidad."

Verdad Adicional

Efesios 1:3
*3 Bendito sea el Dios y Padre
de nuestro Señor Jesucristo,
que nos bendijo con toda bendición espiritual
en los lugares celestiales en Cristo,*

Verdad Adicional

Filipenses 4:19
*19 Mi Dios, pues, suplirá todo lo que os falta
conforme a sus riquezas en gloria en Cristo Jesús.*

Reflexión y Aplicación

✎¿Cuáles son las necesidades espirituales suyas que pueden ser provistas cuando vea a Jesús?

_____
_____
_____

Queremos Ver a Jesús
Guía de Bosquejo

Capítulo 3

Viendo a Jesús como Nuestra Necesidad Absoluta

"Podemos decir ahora
que no solamente donde hay necesidad está Dios,
sino también donde hay pecado
está Jesús, lo cual es más maravilloso."

Viendo a Jesús como Nuestra Necesidad Absoluta

"Una de las ocasiones más extraordinarias en que Jesús reclamó su igualdad con el Padre fue al decir: 'Antes que Abraham fuese, YO SOY' (Juan 8:58)."

"Sin duda alguna nos está llevando a los días de Moisés, cuando éste, postrado ante Dios en la zarza ardiente, preguntó por cuál nombre debería distinguir al Dios que lo enviaba a los Hijos de Israel. La respuesta de Dios, fue, 'YO SOY EL QUE SOY' ... De esta manera el nombre personal de Dios vino a ser Jehová, el cual viene de la misma raíz hebrea de YO SOY, y significa lo mismo."

Éxodo 3:14-15
14 Y respondió Dios a Moisés:
YO SOY EL QUE SOY.
Y dijo: Así dirás a los hijos de Israel:
YO SOY me envió a vosotros.
15 Además dijo Dios a Moisés:
Así dirás a los hijos de Israel:
Jehová, el Dios de vuestros padres,
el Dios de Abraham, Dios de Isaac y Dios de Jacob,
me ha enviado a vosotros.
Este es mi nombre para siempre;
con él se me recordará por todos los siglos.

I. **El significado del nombre Jehová, YO SOY**

    A.   El es un <u>Eterno-Presente</u>

"... fuera de la influencia del tiempo, y para quien no existe ni pasado ni futuro, porque todo en El es presente."

"Qué gran visión nos da esta ilustración del Señor Jesús, el ETERNO—UNO, el YO SOY. Para El, nuestras vidas con su pasado y futuro son todo presente; nuestro ayer lo mismo que nuestro mañana es hoy para El."

> **Verdad Adicional**
>
> **Colosenses 1:17**
> *17 Y él es antes de todas las cosas,*
> *y todas las cosas en él subsisten;*

> **Verdad Adicional**
>
> **Apocalipsis 1:11**
> *11 que decía: Yo soy el Alfa y la Omega,*
> *el primero y el último.*
> *Escribe en un libro lo que ves,*
> *y envíalo a las siete iglesias que están en Asia:*
> *a Efeso, Esmirna, Pérgamo, Tiatira, Sardis,*
> *Filadelfia y Laodicea.*

B. El es el <u>Eterno-Uno</u>

"'Yo Soy' es una frase sin terminar. No tiene sentido, Yo soy... ¿qué? Cuán grande es nuestra sorpresa cuando descubrimos, a medida que continuamos leyendo la Biblia, que Dios nos está diciendo, 'YO SOY cualquier cosa que mi pueblo necesite.'"
*Mateo 6:25-34
*II Pedro 1:2-4

Juan 16:24
24 Hasta ahora nada habéis pedido en mi nombre;
pedid, y recibiréis, para que vuestro gozo sea cumplido.

> **Verdad Adicional**
>
> **Efesios 1:17**
> *17 para que el Dios de nuestro Señor Jesucristo,
> el Padre de gloria,
> os dé espíritu de sabiduría
> y de revelación en el conocimiento de él,*

"Al igual que el agua busca llenar las partes más bajas, así Jehová está buscando simpre las necesidades de los hombres para satisfacerlas. Donde hay necesidad, allí está Dios. Donde hay tristeza, miseria, infelicidad, sufrimiento, confusión, locura, opresión, allí está el YO SOY, deseando cambiar las penas del hombre en bendiciones, todas las veces que el hombre quiera permitírselo. No es esto, sin embargo, el hambre buscando pan, ni la tristeza buscando gozo, sino el gozo buscando la tristeza. No la necesidad buscando la abundancia, sino la abundancia buscando la necesidad. No solamente suple nuestras necesidades, sino que Dios se convierte en la satisfacción misma de nuestra necesidad. El es siempre 'YO SOY lo que mi pueblo necesita.'"

"¡Oh, cuánta gracia, cuánta sorpresa! ...
Mas esta es la gracia y ese es Dios."

"Es por esto que tener un simple conocimiento académico de las cosas de Dios no nos llevará a conocerle y verle. Es sólo a medida que llegamos a El con nuestras necesidades que 'Tú sabrás que Yo Soy Jehová'."

Queremos Ver a Jesús - Guía de Bosquejo
Viendo a Jesús como Nuestra Necesidad Absoluta

"A veces encontramos el nombre de Jehová compuesto con otra palabra más para formar su nombre completo para más para formar su nombre completo para esa ocasión en particular."

Los Nombres de JEHOVÁ

Jehová-Jireh
YO SOY Quien te provee
(Génesis 22:14)

Jehová-Rafa
YO SOY Quien te sana
(Éxodo 15:26)

Jehová-Nisi
YO SOY tu bandera
(Éxodo 17:15)

Jehová-Salom
YO SOY tu paz
(Jueces 6:24)

Jehová-Sidkenu
YO SOY tu justicia
(Jeremías 23:6)

Jehová-Raah
YO SOY tu pastor
(Salmos 23:1)

Jehová-Sama
YO SOY Quien está presente
(Ezequiel 48:35)

Reflexión y Aplicación

✎¿Qué seguridad tiene porque Dios es el Uno eterno presente y el que siempre cumple?

_____

_____

II. El significado del nombre Jesús

"... nuestro propósito es centrar toda nuestra atención en JEHOVA—JESUS. Se puede escribir también JE—SUS, y aparentemente, es una contracción de 'JEHOVA—SUS', ... que significa 'Yo Soy vuestra salvación'."

A. Nuestra primera necesidad es que somos pecadores
   Romanos 3:23, Efesios 2:1-10
B. La solución deliberada de Dios tenía que ser la presencia e intervención de Jesús nuestro Salvador
   "No había otro que fuera tan bueno como para pagar el precio de nuestros pecados. Dios no retuvo a Jesús. El nos amó tanto que envió a Su Hijo, siendo éste el resplandor de Su Gloria y la expresión de Su persona. Lo hizo para que por el derramamiento de Su preciosa sangre obtuviéramos total redención de nuestros pecados. Además, como el Salvador resucitado, El podía ser continuamente todo lo que Su pueblo necesitara como pecadores — ya que nuestra necesidad como pecadores continúa, hasta que lleguemos a las puertas del cielo."
   Lucas 1:31

> **Verdad Adicional**
>
> **Mateo 1:21**
> *21 Y dará a luz un hijo,*
> *y llamarás su nombre JESÚS,*
> *porque él salvará a su pueblo de sus pecados.*

"Podemos decir ahora
que no solamente donde hay necesidad está Dios,
sino también donde hay pecado está Jesús,
lo cual es más maravilloso."

> **Verdad Adicional**
>
> **Lucas 2:11**
> *11 que os ha nacido hoy, en la ciudad de David,*
> *un Salvador, que es CRISTO el Señor.*

"Tan es así, que siempre que pensamos en Jesús, vemos en El a Aquel cuya venida fue necesaria solamente por la maldad de nuestros pecados. El es la primera y la última respuesta al pecado. Pero, al Dios darnos a Jesús como la única respuesta para nuestro pecado, también nos lo dio como la respuesta para todas nuestras necesidades tanto materiales como espirituales."

Romanos 8:32
32 El que no escatimó ni a su propio Hijo,
sino que lo entregó por todos nosotros,
¿cómo no nos dará también con él todas las cosas?

"Todo esto implica
que nos debemos ver a nosotros mismos como pecadores,
aunque seamos creyentes quizás de muchos años.
Debemos hacerlo no sólo en una forma teórica,
sino mediante una búsqueda sincera
bajo la convicción del Espíritu Santo."

Reflexión y Aplicación

✎¿Qué actitudes, acciones, y palabras necesita admitir como pecado para que Jesús pueda cumplir Su obra en usted con Su perdón y limpieza?

_____
_____
_____

"'Queremos ver a Jesús' es nuestro tema. Verlo no es solamente obtener un conocimiento objetivo de El, pues esto sería algo subjetivo y experimental. Es por fe que veo en Jesús todo cuanto necesito como pecador, fracasado, indefenso y abatido por la pobreza, y aceptarlo como todo lo que me hace falta en este momento. No es egoismo buscar a Jesús de esta manera. Es en Su propia Persona que necesito como pecador que soy, que Jesús sea revelado y conocido."

Queremos Ver a Jesús
Guía de Bosquejo

Capítulo 4

Viendo a Jesús Como la Verdad

"En cada uno de sus actos,
en sus padecimientos y humillaciones,
Jesucristo nos ha revelado la suficiente verdad
como para aplastar todas nuestras vanas ilusiones
sobre nosotros mismos."

Viendo a Jesús Como la Verdad

"Acabamos de ver, con gratitud sin duda, que Jesucristo constituye absolutamente todo lo que necesitamos. ¿Cuál es entonces, nuestra primera necesidad? Es conocer la verdad ..."

I. **Tenemos que saber la verdad**
    A. Acerca de <u>nosotros</u> mismos
    B. Acerca de <u>Dios</u>

> **Verdad Adicional**
>
> **Juan 8:31-32**
> *31 Dijo entonces Jesús a los judíos
> que habían creído en él:
> Si vosotros permaneciereis en mi palabra,
> seréis verdaderamente mis discípulos;
> 32 y conoceréis la verdad,
> y la verdad os hará libres.*

"Sin este conocimiento estaremos en un reino de ilusión, impermeables a la palabra de gracia, y quizás hasta nos parezca inadecuado para nosotros. El verdaderamente conocernos y conocer a Dios, y la destrucción de las ilusiones en que hemos estado viviendo, son el comienzo del avivamiento para el cristiano y también el comienzo de la salvación para los perdidos. No podremos comenzar a ver la gracia de Dios en la faz de Jesucristo hasta que hayamos visto la verdad acerca de nosotros y encontrado la respuesta completa a todo lo que nos demanda."

> **Verdad Adicional**
>
> **Salmos 51:6**
> *6 He aquí, tú amas la verdad en lo íntimo,*
> *Y en lo secreto me has hecho comprender sabiduría.*

Reflexión y Aplicación

✎ ¿Está dispuesto a aceptar la verdad sobre sí mismo y Dios de acuerdo a cómo Él lo revela?

❏ Sí / ❏ No

II. El significado de "verdad"

"La palabra 'verdad' es importante, especialmente en los escritos del apóstol Juan, de los cuales proviene gran parte del presente capítulo. La palabra 'verdad' es una de sus claves, y en su Evangelio y sus tres epístolas se repite no menos de cuarenta y dos veces. Juan contrasta la verdad con la mentira, la mentira del diablo."

A. No es la verdad en el sentido del cuerpo de la <u>doctrina</u> cristiana
B. La verdad en el sentido ...
   1. De <u>honestidad</u>
   2. De <u>realidad</u>
   3. De la <u>revelación</u> de las cosas como verdaderamente son

> **Verdad Adicional**
>
> **Juan 17:17**
> *17 Santifícalos en tu verdad;*
> *tu palabra es verdad.*

III. Los enemigos de la verdad
   A. La propaganda <u>mentirosa</u> del Diablo

"Así tejió una red de mentiras alrededor del hombre en el Jardín del Edén, y ha continuado haciéndolo desde entonces ... Satanás aduló al hombre y calumnió a Dios. La tragedia consistió en que el hombre creyó la mentira y actuó de acuerdo con ella, con todas las trágicas consecuencias de la caída del hombre que ya conocemos."

"Todavía hoy, está el diablo tejiendo su red de mentiras alrededor de nosotros. Aún está diciéndonos que somos un pueblo de cristianos devotos, que no hay nada por qué inquietarnos. Nos dice que Dios no es tan santo ni tan firme, que no nos ama, que no es justo en su trato con nosotros. La tragedia es que aún hoy, le estamos creyendo a Satanás. El resultado de todo esto ha sido que hemos dejado de mirar las cosas como son en realidad, y estamos viviendo en un reino de completa ilusión respecto a nosotros mismos."

> ### Verdad Adicional
>
> **Juan 8:44**
> *44 Vosotros sois de vuestro padre el diablo,
> y los deseos de vuestro padre queréis hacer.
> El ha sido homicida desde el principio,
> y no ha permanecido en la verdad,
> porque no hay verdad en él.
> Cuando habla mentira, de suyo habla;
> porque es mentiroso, y padre de mentira.*

B. Nuestro <u>corazón</u>
   "En el primer capítulo de la Primera Epístola de Juan, tenemos tres pasos para la edificación de este mundo de ilusión nuestro."
   *Jeremías 17:9, Marcos 7:21-23

I Juan 1:6, 8, 10
*6 Si decimos que tenemos comunión con él,
y andamos en tinieblas, mentimos, y no practicamos la verdad;
8 Si decimos que no tenemos pecado,
nos engañamos a nosotros mismos,
y la verdad no está en nosotros.
10 Si decimos que no hemos pecado,
le hacemos a él mentiroso,
y su palabra no está en nosotros.*

1. Vs. 6 - "<u>mentimos</u>, y no practicamos la verdad"
   "Representamos una mentira, aun cuando no estamos utilizando nuestra boca para pronunciarla."
   *Juan 3:20
2. Vs. 8 - "nos <u>engañamos</u> a nosotros mismos, y la verdad no está en nosotros"
   "Significa que hemos representado la mentira durante tanto tiempo que ya estamos convencidos de que es verdad."
   Lucas 18:9-14
3. Vs. 10 - "le hacemos a El <u>mentiroso</u>"
   "Esto nos lleva al punto cuando Dios viene a mostrarnos nuestros pecados y a descubrirnos como somos realmente, y le contestamos automáticamente, 'No es cierto, Señor'."
   *Jeremías 17:9

"Hemos venido a ser extraños no sólo a Dios,
sino a nosotros mismos."

"Está claro, entonces,
que nuestra primera necesidad básica
es profundizar en nosotros mismos
para conocernos verdaderamente,
tal como Dios nos ve."

Reflexión y Aplicación

✏ ¿En qué áreas de su vida Dios está tratando de convencerle de la verdad, pero ha elegido creer en las mentiras de Satanás y su carne?

_____
_____
_____

IV. El dador de la verdad

"Es precisamente aquí cuando el Señor Jesús se convierte en nuestra principal necesidad cuando dice: 'Yo Soy. . . la Verdad' (Juan 14:6). En la experiencia del alma este es el primero de Sus grandiosos 'YO SOY', y nuestro primer paso es estar dispuestos a ver la verdad completa acerca de nosotros mismos y de Dios, el único con quien podemos lograr conocerla como está revelada en Jesucristo."
*Juan 1:14

Verdad Adicional

Efesios 4:20-21
20 Mas vosotros no habéis aprendido así a Cristo,
21 si en verdad le habéis oído,
y habéis sido por él enseñados,
conforme a la verdad que está en Jesús.

Queremos Ver a Jesús - Guía de Bosquejo
Viendo a Jesús Como la Verdad

A. La verdad se encuentra "en la soberana Cruz del Calvario"
   1. La verdad acerca del pecado
      Santiago 1:13-15

> **Verdad Adicional**
>
> **I Juan 5:17**
> *17 Toda injusticia es pecado;
> pero hay pecado no de muerte.*

   2. La verdad acerca del hombre
      "De idéntica manera, Jesús nos dice desde la Cruz: 'Juzga tu propia situación por la vergüenza que he tenido que soportar por ti'. Si Jesús fue condenado por el Padre y abandonado en su sufrimiento, cuando cargó nuestros pecados, ¡cuán horrible debe ser nuestra verdadera situación espiritual que causó tan severo castigo!"
      Romanos 3:23, I Juan 1:8-10

> **Verdad Adicional**
>
> **Romanos 5:12**
> *12 Por tanto,
> como el pecado entró en el mundo por un hombre,
> y por el pecado la muerte,
> así la muerte pasó a todos los hombres,
> por cuanto todos pecaron.*

Romanos 8:3
*3 Porque lo que era imposible para la ley,
por cuanto era débil por la carne,
Dios, enviando a su Hijo en semejanza de carne de pecado
y a causa del pecado,
condenó al pecado en la carne;*

Mateo 27:46
*46 Cerca de la hora novena, Jesús clamó a gran voz,
diciendo: Elí, Elí, ¿lama sabactani?
Esto es: Dios mío, Dios mío, ¿por qué me has desamparado?*

"Está claro que Dios no abandonó allí al Hijo como Hijo, sino al Hijo como 'nosotros' los pecadores, la semejanza que Jesús había tomado."

"En cada uno de sus actos,
en sus padecimientos y humillaciones,
Jesucristo nos ha revelado la suficiente verdad
como para aplastar todas nuestras vanas ilusiones
sobre nosotros mismos."

3. La verdad acerca de Dios

"Sin embargo, no solamente nos ha mostrado nuestro Señor Jesucristo la verdad de lo que somos en El, sino también, la verdad acerca de Dios y de Su amor por los hombres. Abandonados a nosotros mismos, nuestra conciencia culpable sólo nos dice que Dios está en contra nuestra que es el Dios del Garrote. Lo vemos como un gran Dictador que nos fija normas de moral, la mayoría de las cuales son imposibles de alcanzar por lo cual no puede censurarnos cuando fallamos. No hay nada que nos atraiga hacia un Dios así. Pero la

Cruz del Señor Jesucristo nos muestra a Dios como realmente es. No le vemos cargándonos con nuestros propios pecados, como pensaríamos, sino cargándoselos a Su propio Hijo y por nuestra culpa ... Lo que pensamos fuese un garrote, eran realmente Sus brazos extendidos llamándonos amorosamente a regresar a El."
Romanos 5:8, 8:32-39, I Juan 3:1-3

II Corintios 5:19
19 que Dios estaba en Cristo reconciliando consigo al mundo, no tomándoles en cuenta a los hombres sus pecados, y nos encargó a nosotros la palabra de la reconciliación.

Juan 1:17
17 Pues la ley por medio de Moisés fue dada, pero la gracia y la verdad vinieron por medio de Jesucristo.

Verdad Adicional

Efesios 2:4-5
4 Pero Dios, que es rico en misericordia, por su gran amor con que nos amó,
5 aun estando nosotros muertos en pecados, nos dio vida juntamente con Cristo (por gracia sois salvos),

---

"La misma escena que revela las más ricas y dulces gracias de Dios para el hombre, muestra también la dura verdad de lo que el hombre es. Si la gracia fluye del Calvario, también lo hace la verdad, pues ambas 'la gracia y la verdad vinieron a través de Jesucristo'. (Juan 1:17)."

"No sólo sorprende a nuestra conciencia culpable, sino que también nos atrae, moviéndonos a retornar a su regazo en honestidad y arrepentimiento sabiendo que no es otra cosa sino misericordia lo que nos espera."

Reflexión y Aplicación

✎¿En qué áreas de su vida debe aceptar la verdad del gran amor de Dios para que pueda disfrutar la libertad y la victoria?

_____
_____
_____

V. La ilustración de la verdad en el Señor Jesús en el Calvario

"Una de estas ilustraciones del Antiguo Testamento utilizada por el Nuevo Testamento para mostrarnos al Señor Jesucristo, es la contenida en la Epístola a los Hebreos, en 13:11-13 ..."

Hebreos 13:11-13

11 Porque los cuerpos de aquellos animales cuya sangre a causa del pecado es introducida en el santuario por el sumo sacerdote, son quemados fuera del campamento.
12 Por lo cual también Jesús, para santificar al pueblo mediante su propia sangre, padeció fuera de la puerta.
13 Salgamos, pues, a él, fuera del campamento, llevando su vituperio;

A. Jesús padeció fuera del campamento

"¿Qué podría significarles a los hebreos Cristianos, a quienes les dirigió la epístola Pablo, la figura de 'Fuera del Campamento?'"

1. Fuera del campamento debían vivir los extranjeros y los ajenos al pueblo.
   *Efesios 2:12
2. Fuera del campamento debían vivir los leprosos.
3. Fuera del campamento era el lugar horrible de las ejecuciones de los infractores de la ley, los criminales.
4. Fuera del campamento se quemaban, sobre el montón de las basuras, los cuerpos de las bestias cuya sangre había sido derramada o esparcida en el Lugar Santo por los pecados.

"En general, la región exterior del campamento no era un sitio agradable. Allí estaban los extranjeros, los leprosos, los criminales, y los repudiados por la maldición del pecado. Un lugar que había que evitar. Sin embargo, las Escrituras nos dicen que fue a la contraparte espiritual de este sitio, fuera del campamento, a la que nuestro Señor Jesucristo vino portando su Cruz, para santificarnos con Su propia sangre."

Queremos Ver a Jesús - Guía de Bosquejo
Viendo a Jesús Como la Verdad

B. Jesús tomó nuestro lugar
    "El sitio en que fue crucificado el Señor Jesús lleva un nombre tan desapacible y horrendo, como lo que representaba el lugar fuera del campamento: 'lugar de la Calavera.' (Mat. 27:33). Mas el Evangelio nos dice, que realmente ese era nuestro lugar. Con cuánta facilidad decimos, 'El tomó nuestro lugar'. Pero cuando consideramos el puesto que actualmente ha tomado Jesucristo por nosotros, sufrimos entonces una sacudida, porque nos damos cuenta y vemos, como talvez no podríamos hacerlo en ningún otro sitio, cuál es nuestra verdadera posición e idiosincracia delante de Dios."
    Tito 2:14, I Pedro 2:24, I Juan 2:1-2

    1. Él fue por nosotros a un lugar en el cual Él era un extraño aun para Su mismo Padre, al punto de ser abandonado por Dios.

    2. Él tomó nuestro lugar de leprosos espirituales.
       *Isaías 53:4

    3. Él estaba en donde eran apedreados los criminales.
       *Juan 18:30, Isaías 53:12

    4. Él fue llevado fuera del campamento de la misma forma que lo hacían con los cuerpos de las bestias sacrificadas para quemarlos, como el desecho de la maldición del pecado.

Queremos Ver a Jesús - Guía de Bosquejo
Viendo a Jesús Como la Verdad

> **Verdad Adicional**
>
> **Isaías 53:5**
> *5 Mas él herido fue por nuestras rebeliones,
> molido por nuestros pecados;
> el castigo de nuestra paz fue sobre él,
> y por su llaga fuimos nosotros curados.*

"Usted y yo podemos dar a otro la impresión
de que somos cristianos devotos y diligentes,
pero ante la Cruz,
tenemos que admitir que no somos
tal clase de personas en lo más mínimo.
En el Calvario, desde la Cruz,
la verdad desnuda nos mira permanentemente invitándonos
a cambiar nuestra actitud,
a que seamos dueños de la verdad"

> **Verdad Adicional**
>
> **I Timoteo 1:15**
> *15 Palabra fiel y digna de ser recibida por todos:
> que Cristo Jesús vino al mundo
> para salvar a los pecadores,
> de los cuales yo soy el primero.*

Queremos Ver a Jesús - Guía de Bosquejo
Viendo a Jesús Como la Verdad

Reflexión y Aplicación

✎¿Qué revela la verdad acerca de la cruz sobre usted?

_____

_____

_____

VI. Nuestra respuesta a la verdad

Juan 3:20-21
20 Porque todo aquel que hace lo malo, aborrece la luz y no viene a la luz, para que sus obras no sean reprendidas. 21 Mas el que practica la verdad viene a la luz, para que sea manifiesto que sus obras son hechas en Dios.

A. Hacer la <u>VERDAD</u>

"Lo que dice Dios es: El que hace la verdad viene a la luz. La alternativa que presenta Dios a 'hacer el mal' no es 'hacer el bien' sino hacer la VERDAD."

1. El completo y verdadero <u>arrepentimiento</u>
   *Romanos 2:4, II Corintios 7:10
2. La <u>confesión</u> del pecado
   *I Juan 1:9-10

"Esto nos llevará hasta la Cruz del Calvario por el perdón, y si fuere necesario, también a la persona a quien pudimos haber perjudicado para pedirle su perdón. En este lugar de muy humilde y honesta confianza en nosotros mismos, encontraremos paz con Dios y con el hombre. Allí también hallaremos de nuevo a Jesús para reposar seguros, como nunca antes, en su obra completamente terminada en la Cruz del Calvario."

"Démosle hoy la bienvenida a Jesús como la Verdad. Comience con la primera cosa que le muestre. Seguramente ya la tiene en su mente en este momento, aún mientras lee estas líneas. La recompensa a su obediencia a la luz será más luz en su próximo pecado. El Señor no nos muestra todo de una sola vez, porque no podríamos sobrellevarlo. Pero lo hace en forma progresiva, de tal modo que cada poquito de verdad obedecida nos lleva a posteriores revelaciones sobre nosotros mismos."

"Es solamente nuestra oscuridad, nuestros corazones engañados, lo que nos hace que temamos a Dios como la Verdad. Pero, Dios no quiere que tengamos ningún temor de El ni de su poder; más aún, desea que le recibamos. Nos ha dado su Espíritu Santo, tres veces llamado 'Espíritu de Verdad', para 'guiarnos a toda Verdad', y para que podamos con seguridad poner nuestras manos en las suyas y decirle, 'Señor, muéstrame todo lo que Tú ves y deseas para mí. Lo aceptaré gustoso. No me defenderé ni argumentaré. Si tú lo dices, creeré que es verdad'."

Reflexión y Aplicación

✎¿Está listo de aceptar la verdad de Dios y vivir según la verdad revelada por la cruz?

❏ Sí / ❏ No

Queremos Ver a Jesús
Guía de Bosquejo

Capítulo 5

Viendo a Jesús Como la Puerta

"Este es el punto
donde el Señor Jesús nos encuentra nuevamente ...
Jesús no nos mostró únicamente la Puerta;
El mismo es la Puerta."

Viendo a Jesús Como la Puerta

"La aterradora verdad sobre nosotros y nuestro pecado que nos ha mostrado el Señor Jesucristo, nos prepara para la próxima vista de El, la cual el Espíritu Santo anhela dar a los corazones convictos de pecado, la de Jesús como la 'Puerta'. Vernos tal como lo hemos hecho, debe hacernos sentir que estamos absolutamente excluidos de Dios. Si en realidad hemos sido así todo el tiempo, y si esos son los pecados a los cuales hemos estado ciegos tanto tiempo, poco debe sorprendernos, entonces, que nos haya parecido tan distante de nosotros, que nuestros corazones estén fríos y que nuestro servicio cristiano nos parezca duro y estéril. No necesitamos ir muy lejos para encontrar la causa de la frialdad que reina en nuestras congregaciones e iglesias. No sólo el alma se ve a sí misma justamente excluida por causa de sus pecados, sino que conociendo sus debilidades, se pregunta si habrá algún camino hacia Dios que una persona con un corazón como el suyo pueda caminar."

Verdad Adicional

Juan 10:7
7 Volvió, pues, Jesús a decirles:
De cierto, de cierto os digo:
Yo soy la puerta de las ovejas.

Juan 10:9, 11
9 Yo soy la puerta;
el que por mí entrare, será salvo;
y entrará, y saldrá, y hallará pastos.
11 Yo soy el buen pastor;
el buen pastor su vida da por las ovejas.

Queremos Ver a Jesús - Guía de Bosquejo
Viendo a Jesús Como la Puerta

I. **Jesús es la puerta**
   A. Él es la Puerta para un <u>avivamiento</u>.
   B. Él es la Puerta para las demás <u>bendiciones</u> que necesita el cristiano.
   C. Él es la Puerta de <u>salvación</u> para los perdidos.
   "... es una Puerta de muy fácil acceso tanto para el más débil y desfallecido como para el más santo."

Verdad Adicional

Efesios 2:13, 18
13 Pero ahora en Cristo Jesús, vosotros que en otro tiempo estabais lejos, habéis sido hechos cercanos por la sangre de Cristo. 18 porque por medio de él los unos y los otros tenemos entrada por un mismo Espíritu al Padre.

Reflexión y Aplicación

✎ ¿Ha pasado por la puerta, por Jesús, para la salvación?

❑ Sí / ❑ No

✎ ¿Está disfrutando el acceso a la vida espiritual que está disponible para usted en Jesús?

❑ Sí / ❑ No

Queremos Ver a Jesús - Guía de Bosquejo
Viendo a Jesús Como la Puerta

II. Una pared existe

"... un obstáculo, que nos separa de Dios ... Ha obstaculizado nuestros más diligentes esfuerzos y ha desviado todas nuestras resoluciones."

A. El obstáculo nos separa de Dios
   Proverbios 15:29
   1. Vamos a orar, y allí está.
   2. Buscamos Su ayuda, y está allí.
   3. Nuestra adoración a Dios está interrumpida.

Verdad Adiciónal

Salmos 66:18
18 Si en mi corazón hubiese yo mirado a la iniquidad, El Señor no me habría escuchado.

"Solamente aquellos que nunca se han propuesto seriamente buscar a Dios pueden imaginarse que no existe tal barrera."

B. La naturaleza del obstáculo es el pecado
   "Por pecado se entiende la actitud egocéntrica e independiente de Dios, la cual es común en todos nosotros, con todos los actos de transgresión que de tal actitud proceden ... El pecado siempre levanta una pared entre nosotros y Dios."
   Isaías 53:6

> **Verdad Adicional**
>
> **I Juan 3:4**
> *4 Todo aquel que comete pecado,*
> *infringe también la ley;*
> *pues el pecado es infracción de la ley.*

> **Verdad Adicional**
>
> **Isaías 59:1-2**
> *1 He aquí que no se ha acortado*
> *la mano de Jehová para salvar,*
> *ni se ha agravado su oído para oír;*
> *2 pero vuestras iniquidades*
> *han hecho división entre vosotros y vuestro Dios,*
> *y vuestros pecados han hecho ocultar de vosotros*
> *su rostro para no oír.*

"Este muro no ha estado ahí siempre. Fue levantado por el primer acto de transgresión del hombre. Fue entonces que el hombre quiso ocultarse de Dios. El Señor en Su justicia, tuvo que colocar querubines y una espada de fuego para impedir el camino de regreso al Arbol de la Vida (Gn. 3:24)."

"Los que hemos atravesado inicialmente la Puerta de regreso a Dios, sabemos muy bien que el pecado puede aun levantar un muro entre nuestra alma y Dios. Aunque hemos sido restaurados del 'lejano país' del pecado original, el pecado aún puede entrar, tal vez en forma sutil, y como consecuencia nos encontramos nuevamente en otros 'lejanos países' más pequeños pero no menos reales ... (Lc. 15:14) ..."

Queremos Ver a Jesús - Guía de Bosquejo
Viendo a Jesús Como la Puerta

1. El pecado de los <u>celos</u>
2. El pecado del <u>resentimiento</u>
3. El pecado de la <u>auto-conmiseración</u>
4. El pecado de <u>compromisos</u> con el mundo

Verdad Adicional

Efesios 5:1-7

1 Sed, pues, imitadores de Dios como hijos amados.
2 Y andad en amor, como también Cristo nos amó,
y se entregó a sí mismo por nosotros,
ofrenda y sacrificio a Dios en olor fragante.
3 Pero fornicación y toda inmundicia, o avaricia,
ni aun se nombre entre vosotros,
como conviene a santos;
4 ni palabras deshonestas, ni necedades,
ni truhanerías, que no convienen,
sino antes bien acciones de gracias.
5 Porque sabéis esto,
que ningún fornicario, o inmundo,
o avaro, que es idólatra,
tiene herencia en el reino de Cristo y de Dios.
6 Nadie os engañe con palabras vanas,
porque por estas cosas viene la ira de Dios
sobre los hijos de desobediencia.
7 No seáis, pues, partícipes con ellos.

Queremos Ver a Jesús - Guía de Bosquejo
Viendo a Jesús Como la Puerta

C. El resultado del obstáculo es una "gran <u>hambre</u> en aquella región."

"Y siempre se levanta
una "gran hambre en aquella región" (Lc. 15:14),,
como le sucedió al Hijo Pródigo, y empezamos a carecer."

Amós 8:11
*11 He aquí vienen días, dice Jehová el Señor,
en los cuales enviaré hambre a la tierra,
no hambre de pan, ni sed de agua,
sino de oír la palabra de Jehová.*

"No estamos sugiriendo que la criatura nacida de nuevo pierda su lugar dentro de la familia de Dios por causa del pecado que ha cometido, sino que ha perdido la relación con su Padre celestial, y como consecuencia el hambre se apodera de su corazón hasta que se arrepienta."

Verdad Adicional

Salmos 32:1-5
*1 Bienaventurado aquel cuya transgresión
ha sido perdonada,
y cubierto su pecado.
2 Bienaventurado el hombre
a quien Jehová no culpa de iniquidad,
Y en cuyo espíritu no hay engaño.
3 Mientras callé,
se envejecieron mis huesos En mi gemir todo el día.*

> **Verdad Adicional**
>
> *4 Porque de día y de noche*
> *se agravó sobre mí tu mano;*
> *Se volvió mi verdor en sequedades de verano. Selah*
> *5 Mi pecado te declaré, y no encubrí mi iniquidad.*
> *Dije: Confesaré mis transgresiones a Jehová;*
> *Y tú perdonaste la maldad de mi pecado. Selah*

1. Existe el peligro de procurar tratar con el <u>hambre</u> misma en lugar de buscar sus causas.

    "Sin embargo, en esta condición de hambre, el creyente casi siempre está ciego al pecado o pecados que lo han separado de Dios, y por consiguiente, procura tratar con el hambre misma en lugar de buscar sus causas. Puede resolver orar más, o servir más fielmente a Dios. Puede también 'arrimarse a uno de los ciudadanos de aquel país' (Le. 15:15), como lo hizo el Hijo Pródigo', y hacer alianzas mundanas con la esperanza de darle un poco de placer a su triste corazón. Todos estos esfuerzos resultan inútiles y Dios, finalmente, usa tal experiencia para mostrarle que es con el pecado con lo que debe tratar y cuál es en particular."

2. Existe el peligro de estar ocupado con el <u>problema</u> de cómo no volver a pecar en lugar de buscar cómo regresar a <u>Dios</u> y tener paz.

    "Francamente, es demasiado tarde para tales consideraciones. El pecado ha llegado y ya ha causado su daño. Aún, si 'logramos la victoria' y nunca más volvemos a hacer tales cosas, puede que nunca podamos regresar a la tranquilidad y el gozo. La simple verdad es que palabras como 'Jesús satisface' y 'El da la victoria' no tienen aplicación cuando estamos en el 'lejano país. Todo esto y mucho más nos espera, pero sólo cuando hayamos regresado a la casa del Padre."

"Nuestra necesidad primordial es ver una Puerta."

"Este es el punto
donde el Señor Jesús nos encuentra nuevamente ...
Jesús no nos mostró únicamente la Puerta;
El mismo es la Puerta."

"Este cuadro nos da la palabra básica del evangelio de Cristo. El evangelio no nos llama a tratar de ser iguales a Cristo, sino a que vengamos 'a través' de Cristo."

Romanos 6:23
23 Porque la paga del pecado es muerte, mas la dádiva de Dios es vida eterna en Cristo Jesús Señor nuestro.

Verdad Adicional

Hebreos 13:20-21
*20 Y el Dios de paz que resucitó de los muertos
a nuestro Señor Jesucristo,
el gran pastor de las ovejas,
por la sangre del pacto eterno,
21 os haga aptos en toda obra buena
para que hagáis su voluntad,
haciendo él en vosotros lo que es agradable
delante de él por Jesucristo;
al cual sea la gloria por los siglos de los siglos. Amén.*

"Esto es lo que los cristianos frustrados están pidiendo todo el tiempo. 'Está bien conversar acerca de la maravillosa vida de compañerismo con Dios', dicen, 'pero, ¿cómo puede llegar a tal estado un hombre como yo? Lo he intentado muchas veces. Jesús se goza diciéndonos: 'yo soy lo que ustedes buscan. Yo soy la Puerta'. No hay bendición alguna que tenga Dios para nosotros, ya sea salvación, victoria, paz en el corazón o avivamiento, para lo cual El no haya provisto una Puerta de fácil entrada en Su Hijo."
*Juan 17:3

Queremos Ver a Jesús - Guía de Bosquejo
Viendo a Jesús Como la Puerta

Verdad Adicional

II Pedro 1:2-4
*2 Gracia y paz os sean multiplicadas,
en el conocimiento de Dios y de nuestro Señor Jesús.
3 Como todas las cosas
que pertenecen a la vida y a la piedad
nos han sido dadas por su divino poder,
mediante el conocimiento de aquel que nos llamó
por su gloria y excelencia,
4 por medio de las cuales nos ha dado preciosas
y grandísimas promesas,
para que por ellas llegaseis a ser participantes
de la naturaleza divina,
habiendo huido de la corrupción
que hay en el mundo a causa de la concupiscencia;*

Reflexión y Aplicación

✎¿Cuáles son algunos pecados que debe confesar para que pueda disfrutar una vez más de una relación cercana con Dios?
_____
_____
_____

Queremos Ver a Jesús - Guía de Bosquejo
Viendo a Jesús Como la Puerta

III. Cuatro cosas esenciales que tenemos que comprender de nuestro Señor Jesucristo como la Puerta.

A. Le tenemos que ver como la Puerta <u>abierta</u>.
*Juan 1:17
"Si la gracia es la bondad de Dios para aquellos que no la merecen, quiere decir que El es una Puerta abierta a través de la cual pueden entrar los pecadores. La hora cuando se abrió fue cuando Jesús colgado de la cruz exclamó triunfalmente: 'Consumado es', 'y habiendo inclinado la cabeza, entregó el espíritu'. (Juan 19:30). Y como para hacer más claro lo que había sucedido allí en el Calvario, el velo del templo, que había colgado durante siglos como una barrera de separación entre el lugar Santísimo y el resto del templo, se rasgó en ese mismo momento de arriba hacia abajo. En esta forma la barrera de separación del pecado entre Dios y los hombres fue declarada rota, y la Puerta para los pecadores se declaró abierta."
Mateo 27:50-51

Verdad Adicional

Hebreos 10:19-22
*19 Así que, hermanos,
teniendo libertad para entrar en el Lugar Santísimo
por la sangre de Jesucristo,
20 por el camino nuevo y vivo que él nos abrió
a través del velo, esto es, de su carne,*

> **Verdad Adicional**
>
> *21 y teniendo un gran sacerdote*
> *sobre la casa de Dios,*
> *22 acerquémonos con corazón sincero,*
> *en plena certidumbre de fe,*
> *purificados los corazones de mala conciencia,*
> *y lavados los cuerpos con agua pura.*

B. Necesitamos ver la Puerta abierta al nivel de la calle.

"Pero cuando pensamos en nuestra gran necesidad y fracasos, cuando oramos pidiendo ser usados por Dios o pedimos un avivamiento, estamos poniendo la puerta para nosotros mismos un poco más alta que lo que está el nivel de la calle. Instintivamente sentimos que el caído no puede ser bendecido como caído sino únicamente como un buen cristiano, así que tratamos de serlo mejores. Pero sólo logramos colocar la puerta más allá de nuestro alcance, porque el tratar de mejorar es lo que nos engaña. Sin embargo, siempre ha estado la Puerta abierta al nivel de la calle, al nivel de nuestra vergüenza y fracaso, y todo lo que necesitamos es reconocer que esa es nuestra verdadera condición y venir con fe a Jesús."

"La Puerta está abierta al nivel de la calle para el avivamiento, tal como lo está para la salvación y todas las demás bendiciones. Al venir a Cristo arrepentidos somos avivados, porque El mismo es Avivamiento y la Puerta que conduce a El ... Si no hemos sido bendecidos con un avivamiento como lo hemos deseado, será porque lo hemos visto buscado, no por Fe, sino mediante las obras de la ley (Ro. 9:32), o porque no hemos visto la Puerta a nivel de la calle, o será que hemos esperado 'Ver un avivamiento' en otros en vez de desear ser avivados nosotros mismos, y ser los primeros en admitir nuestra necesidad de Él ¿No es significativo que cuando se tiene una experiencia de avivamiento, aquellos que han sido avivados no hablan del avivamiento sino de Jesús?"

"La gloriosa verdad es que Cristo está inmediatamente accesible a nosotros, tal como somos y en donde estamos. Dios le ha hecho a El tan accesible para nosotros los pecadores, tanto como le ha sido posible."
Mateo 11:28-30, Juan 6:37

Verdad Adicional

Hebreos 4:14-16
*14 Por tanto, teniendo un gran sumo sacerdote
que traspasó los cielos,
Jesús el Hijo de Dios,
retengamos nuestra profesión.
15 Porque no tenemos un sumo sacerdote
que no pueda compadecerse de nuestras debilidades,
sino uno que fue tentado en todo
según nuestra semejanza, pero sin pecado.
16 Acerquémonos, pues, confiadamente
al trono de la gracia,
para alcanzar misericordia y hallar gracia
para el oportuno socorro.*

Queremos Ver a Jesús - Guía de Bosquejo
Viendo a Jesús Como la Puerta

C. Necesitamos ver que la Puerta es una Puerta baja.

"... tenemos que inclinar nuestras cabezas en arrepentimiento si vamos a entrar por ella. Las Escrituras mencionan una y otra vez la enfermedad (si la podemos llamar así) de la 'cerviz dura'. Esta es una forma figurada de hablar del hombre voluntarioso y testarudo, lo demostrado especialmente en el no querer admitir que está equivocado ... Jesucristo inclinó Su cabeza en la Cruz por nosotros (Juan 19:30), y nosotros tenemos que inclinar nuestras cabezas en reconocimiento de nuestro pecado y arrepentirnos, si es que queremos conocer el poder de Su sangre para limpiarnos y darnos paz."

"Muy a menudo la forma como no arrepentimos ante Dios y como nos disculpamos con quienes hemos ofendido demuestra que no nos hemos juzgado correctamente. Nos engañamos diciéndonos que ha sido sólo un desafortunado resbalón y que no hemos procedido de acuerdo a nuestro carácter. ¡Qué decepción! La verdad es que no hemos actuado contrario a nuestro carácter, sino de acuerdo con nuestra verdadera forma de ser, como nos lo ha declarado Jesucristo colgado en la cruz por nosotros ... La cabeza debe ser inclinada hasta el polvo, para admitir que no somos mejores de lo que Jesús tuvo que llegar a ser por nosotros. Entonces, encontraremos en El una Puerta."

Filipenses 3:4-9

> **Verdad Adicional**
>
> **I Juan 1:8-9**
> *8 Si decimos que no tenemos pecado,*
> *nos engañamos a nosotros mismos,*
> *y la verdad no está en nosotros.*
> *9 Si confesamos nuestros pecados,*
> *él es fiel y justo para perdonar nuestros pecados,*
> *y limpiarnos de toda maldad.*

D. Necesitamos ver que la Puerta es <u>angosta</u>.

"Al principio parece amplio el camino a la cruz, y todos podemos ir en grupo. Pero, a medida que nos acercamos al lugar del arrepentimiento, el camino se vuelve angosto. No hay espacio para que todos caminemos juntos. No podemos permanecer por más tiempo perdidos entre la multitud. Otros se quedan atrás. Al fin llegamos ante Dios quien es la Puerta, y no hay espacio ni para dos personas, sólo para una. Si va a entrar tendrá que hacerlo completamente solo. Únicamente usted debe arrepentirse, sin esperar por nadie."

Mateo 7:14
14 porque estrecha es la puerta,
y angosto el camino que lleva a la vida,
y pocos son los que la hallan.

> ### Verdad Adicional
>
> **Salmos 51:1-4**
> *1 Ten piedad de mí, oh Dios,*
> *conforme a tu misericordia;*
> *Conforme a la multitud de tus piedades*
> *borra mis rebeliones.*
> *2 Lávame más y más de mi maldad,*
> *Y límpiame de mi pecado.*
> *3 Porque yo reconozco mis rebeliones,*
> *Y mi pecado está siempre delante de mí.*
> *4 Contra ti, contra ti solo he pecado,*
> *Y he hecho lo malo delante de tus ojos;*
> *Para que seas reconocido justo en tu palabra,*
> *Y tenido por puro en tu juicio.*

Reflexión y Aplicación

✎ ¿Aceptará en este momento que Jesús es la Puerta de la limpieza y está disponible para usted?

❏ Sí / ❏ No

✎ ¿Se humillará para confesar personalmente su pecado ante Dios para que pueda disfrutar de Su purificación?

❏ Sí / ❏ No

Queremos Ver a Jesús - Guía de Bosquejo
Viendo a Jesús Como la Puerta

IV. Jesús tiene que ser aceptado como la Puerta de entrada.

Juan 10:1
1 De cierto, de cierto os digo:
El que no entra por la puerta en el redil de las ovejas,
sino que sube por otra parte, ése es ladrón y salteador.

A. Las formas en que a menudo extrañamos la puerta
  1. El <u>progreso</u> personal
  2. Echando al <u>olvido</u> el pasado
  3. Resolviendo pasar más tiempo en nuestras <u>devociones</u>
  4. Tratando de dar un mejor <u>testimonio</u>

Verdad Adicional

Mateo 23:28
28 Así también vosotros por fuera, a la verdad,
os mostráis justos a los hombres,
pero por dentro estáis llenos
de hipocresía e iniquidad.

"Vemos las normas de la vida victoriosa muy por encima de nosotros y estamos seguros de poderlas alcanzar por uno u otro medio y que lograremos la comunión con Dios y seremos llenos de su Espíritu Santo. Pero es esa lucha la que nos derrota. Y todo ese tiempo que estamos trepando con dificultad, Jesús está disponible como la Puerta, a nuestro alcance, y podríamos entrar rápidamente con sólo estar dispuestos a inclinar nuestras cabezas ante Su cruz."

B. Las razones por las que Dios requiere la Puerta.
"Todas las diferentes y sutiles formas en que tratamos de llegar, no son más que variantes del camino de las obras, las cuales ha declarado Dios, nunca podrán conducirnos a la paz, (Efesios 2:8-9)."

1. De no pasar por la Puerta, no tiene que <u>humillarse</u> y confesar sus pecados.

Isaías 1:11, 15
11 ¿Para qué me sirve, dice Jehová,
la multitud de vuestros sacrificios?
Hastiado estoy de holocaustos de carneros
y de sebo de animales gordos;
no quiero sangre de bueyes, ni de ovejas, ni de machos cabríos.
15 Cuando extendáis vuestras manos,
yo esconderé de vosotros mis ojos;
asimismo cuando multipliquéis la oración, yo no oiré;
llenas están de sangre vuestras manos.

"Pero el corazón humano prefiere ofrecer sus propias obras a Dios, sin importar el costo, antes que humillarse y confesar sus pecados. Esa es la razón por la cual el hombre siempre está dispuesto a seguir el camino de sus propias obras; no quiere inclinar su cabeza para entrar por la Puerta."

Salmos 51:16-17
*16 Porque no quieres sacrificio, que yo lo daría;
No quieres holocausto.
17 Los sacrificios de Dios son el espíritu quebrantado;
Al corazón contrito y humillado no despreciarás tú, oh Dios.*

2. De no pasar por la Puerta, hace que Cristo no tenga ningún efecto en nosotros.

"Entre más tenso y esforzado sea mi servicio cristiano y más dura mi lucha por escalar por mis propios esfuerzos el muro de la frialdad de mi corazón, más lejos estaré de la gracia, de Dios y de su Puerta abierta para mí. En efecto, estoy 'tratando de establecer mi propia justicia', y no me someto a ser lavado del pecado en la preciosa sangre de Cristo."

Gálatas 5:4
*4 De Cristo os desligasteis,
los que por la ley os justificáis;
de la gracia habéis caído.*

Gálatas 2:21
*21 No desecho la gracia de Dios;
pues si por la ley fuese la justicia,
entonces por demás murió Cristo.*

"... tales esfuerzos nunca producen paz en nuestros corazones; sólo desesperanza, ya que nunca sentiremos que nos hemos acercado a la cima de la muralla. Pero la desesperación y la carga se irán lejos, y serán sustituidos por alivio, gozo y alabanza cuando al fin vemos a Jesús y su obra terminada. Descendemos desde nuestros esfuerzos sin arrepentimiento hasta los queridos y marcados pies de Cristo y, en un instante, hemos entrado por fe a la paz y al descanso del corazón, que durante tanto tiempo nos ha evadido. Realmente, ver a Jesús es dejar nuestra carga y entrar a disfrutar de Su gracia."

Reflexión y Aplicación

✎¿Está listo de aceptar que el avivamiento viene solamente por Jesucristo y dedicarse de vivir en la libertad y la fuerza espiritual que Él le ofrece a usted?

❑ Sí / ❑ No

Queremos Ver a Jesús
Guía de Bosquejo

Capítulo 6

¿Sinaí o Calvario?

"Mientras que Satanás sólo acusa para provocar
desesperación, esclavitud y oposición,
el Espíritu Santo convence de culpabilidad
para traer bienestar, libertad y descanso."

¿Sinaí o Calvario?

"Por lo que hemos leído en los capítulos precedentes, podría parecernos que en realidad es muy simple para nosotros entrar por la Puerta, la cual es el Señor Jesús. Sin embargo, Satanás sabe cómo bloquear todos nuestros alrededores con sutiles dificultades cuando, bajo convicción de pecado y fuera de comunión con Dios, anhelamos encontrar la paz y la libertad. Por tanto, antes de entrar a considerar los medios por los cuales podemos llegar a la Puerta, debemos hacer una pausa en el presente capítulo para tratar de ayudar al alma que está bajo convicción de pecado en las varias batallas que habrá en su corazón, precisamente fuera de la Puerta."

I. **Las dos personas que se pelean por apropiarse de tal convicción**
   A. El Diablo
      "El diablo quiere apoderarse con el propósito de llevarla junto con nosotros al Sinaí, para allí condenarnos y someternos a la esclavitud."

Verdad Adicional

I Pedro 5:8-9
*8 Sed sobrios, y velad;
porque vuestro adversario el diablo,
como león rugiente,
anda alrededor buscando a quien devorar;
9 al cual resistid firmes en la fe,
sabiendo que los mismos padecimientos se van
cumpliendo en vuestros hermanos en todo el mundo.*

B. El Espíritu Santo

"... el Espíritu Santo quiere llevarnos con nuestro pecado al Calvario, para allí conducirnos a través de la Puerta a la paz y la libertad."

Verdad Adicional

Juan 16:7-14

7 Pero yo os digo la verdad:
Os conviene que yo me vaya;
porque si no me fuera, el Consolador
no vendría a vosotros;
mas si me fuere, os lo enviaré.
8 Y cuando él venga,
convencerá al mundo de pecado,
de justicia y de juicio.
9 De pecado, por cuanto no creen en mí;
10 de justicia, por cuanto voy al Padre,
y no me veréis más;
11 y de juicio, por cuanto el príncipe de este mundo
ha sido ya juzgado.
12 Aún tengo muchas cosas que deciros, pero ahora
no las podéis sobrellevar.
13 Pero cuando venga el Espíritu de verdad,
él os guiará a toda la verdad;
porque no hablará por su propia cuenta,
sino que hablará todo lo que oyere,
y os hará saber las cosas que habrán de venir.
14 El me glorificará; porque tomará de lo mío,
y os lo hará saber.

II. Los dos pactos representados por las dos personas

A. El pacto de la Ley

"... el del 'Monte Sinaí', 'del cual proviene la esclavitud' (Gá. 4:24)"

Gálatas 3:10-11

B. El pacto de la gracia

"... forjado y sellado para nosotros por la muerte del Señor Jesús en el Calvario."

Gálatas 3:12-14, Efesios 2:8-9

Verdad Adicional

Juan 1:17

17 Pues la ley por medio de Moisés fue dada, pero la gracia y la verdad vinieron por medio de Jesucristo.

"El diablo procura conducirnos al Sinaí, y el Espíritu Santo al Calvario. Puestos en esta forma, la decisión parece sencilla, pero en la práctica, la dificultad consiste en que el diablo a menudo simula la voz del Espíritu Santo para que el cristiano no instruído crea que es Dios quien le lleva al lugar de condenación y esclavitud, y que por lo tanto tiene que seguirlo."

Queremos Ver a Jesús - Guía de Bosquejo
Viendo a Dios–El Propósito de la Vida

Reflexión y Aplicación

✎ ¿Cuál pacto le proporciona verdadera libertad del pecado y una conciencia limpia?

_____

_____

_____

III. Los métodos y las metas de las dos personas
   A. El Diablo

   "El Monte Sinaí fue por supuesto, el lugar histórico donde Dios dio los Diez Mandamientos (Exodo 20). Diez veces habló Dios desde la nube y el fuego, y cada vez anunció un gran mandamiento moral: 'Tú harás' y 'Tú no harás'. Allí fue establecido el pacto básico de la ley que regularía las relaciones del hombre con Dios. Puesto en forma sencilla, sería: 'Haz esto y vivirás', y 'Deja de hacer esto, y morirás'. Ese es aún el pacto que al corazón humano le parece más fácil de entender y al que su conciencia responde con más facilidad. La vida ordinaria de hoy día, representa para nosotros un sistema completo de moral y de normas religiosas que cada cual ha interpretado para sí mismo como resultado de la luz moral que ha tocado su vida desde varias fuentes."

   1. El Diablo inmediatamente intenta llevarnos a la <u>ley</u>.
   2. El Diablo intenta <u>acusarnos</u> con los requisitos que nos hemos fijado con los cuales no hemos cumplido.

"No solamente nos acusa ante Dios, sino que acusa al creyente ante sí mismo. Lo hace señalándole todos los detalles del asunto sean reales o imaginarios, en que ha fallado en guardar la ley con la cual se comprometió. Así produce en él un sentir de condenación. Esto es lo que los siquiatras diagnostican a sus clientes neuróticos como 'complejo de culpa', pero también es una carga que llevan muchos creyentes de mentes sanas."

Apocalipsis 12:10
10 Entonces oí una gran voz en el cielo, que decía:
Ahora ha venido la salvación, el poder,
y el reino de nuestro Dios,
y la autoridad de su Cristo;
porque ha sido lanzado fuera el acusador de nuestros hermanos,
el que los acusaba delante de nuestro Dios día y noche.

Verdad Adicional

Hebreos 9:14
14 ¿cuánto más la sangre de Cristo,
el cual mediante el Espíritu eterno
se ofreció a sí mismo sin mancha a Dios,
limpiará vuestras conciencias de obras muertas
para que sirváis al Dios vivo?

3. Las acusaciones del Diablo tienen usualmente dos <u>efectos</u>.
   a. <u>Excusarnos</u> y el asegurar nuestra incocencia

   "... es siempre la reacción natural a la acusación, y esto es exactamente lo que el diablo quiere que hagamos. Con sus acusaciones nos provoca a situarnos ante Dios basados en nuestra propia justicia e inocencia; el diablo sabe, y nosotros debemos saberlo también, que en tal base no hay absolutamente nada para nosotros. Todo cuanto Dios tiene para los pecadores lo tiene con la condición de que acepten honestamente lo que son ... Era este, precisamente, el efecto que tenían sobre Job las acusaciones de sus amigos. Al sugerirle que las pruebas le venían como resultado de alguna falta cometida por él, lo provocaban a afirmar con más firmeza su inocencia, y así se encontró Job a Dios peleando contra él. Hombre recto, como realmente era, no obstante tenía que quebrantarse y aceptar el lugar de pecador, antes de poder estar en paz con Dios nuevamente."
   Job 23:1-17

Romanos 2:15
15 mostrando la obra de la ley escrita en sus corazones, dando testimonio su conciencia, y acusándoles o defendiéndoles sus razonamientos,

b. Esfuerzo propio

"Nos dice lo que no somos con el propósito de hacernos luchar con nuestras propias fuerzas para tratar de ser mejores ... Todo lo que pretende el diablo con sus acusaciones es inducirnos a tratar de alcanzar todos estos objetivos con nuestros propios esfuerzos, con lo cual nos pone en un verdadero cautiverio. Así consigue que nos esforcemos a 'escalar por otro camino' hacia la bendición (y este es un empeño difícil y doloroso, porque la pared es alta) en vez de entrar por la Puerta abierta al nivel de la calle. Y puede lograr todo esto valiéndose del engaño de que es la Palabra de Dios para nosotros. Porque es 'un mentiroso, y el padre de la mentira' (Juan 8:44). Sus acusaciones aunque tienen la apariencia de verdad, o de estar basadas en la Ley de Dios, son sólo verdades a medias y por esta rezón mucho más peligrosas."

"¡Cómo necesitamos discernir la voz del diablo y conocer por experiencia la respuesta de Dios a los truenos del Sinaí contra nosotros!"

Verdad Adicional

Gálatas 2:21
21 No desecho la gracia de Dios; pues si por la ley fuese la justicia, entonces por demás murió Cristo.

> **Verdad Adicional**
>
> **Gálatas 3:22-26**
> *22 Mas la Escritura lo encerró todo bajo pecado,
> para que la promesa que es por la fe en Jesucristo
> fuese dada a los creyentes.
> 23 Pero antes que viniese la fe,
> estábamos confinados bajo la ley,
> encerrados para aquella fe que iba a ser revelada.
> 24 De manera que la ley ha sido nuestro ayo,
> para llevarnos a Cristo,
> a fin de que fuésemos justificados por la fe.
> 25 Pero venida la fe,
> ya no estamos bajo ayo,
> 26 pues todos sois hijos de Dios
> por la fe en Cristo Jesús;*

B. El Espíritu Santo

> **Verdad Adicional**
>
> **Juan 14:16-17, 26-27**
> *16 Y yo rogaré al Padre,
> y os dará otro Consolador,
> para que esté con vosotros para siempre:
> 17 el Espíritu de verdad,
> al cual el mundo no puede recibir,
> porque no le ve, ni le conoce;
> pero vosotros le conocéis,
> porque mora con vosotros, y estará en vosotros.*

> **Verdad Adicional**
>
> *26 Mas el Consolador, el Espíritu Santo, quien el Padre enviará en mi nombre, él os enseñará todas las cosas, y os recordará todo lo que yo os he dicho. 27 La paz os dejo, mi paz os doy; yo no os la doy como el mundo la da. No se turbe vuestro corazón, ni tenga miedo.*

1. El nos lleva junto con nuestro pecado al <u>Calvario</u>, a Jesús nuestra puerta.
   *I Juan 2:1-2
2. El nos muestra que nuestro pecado y mucho más, fue <u>anticipado</u> y <u>pagado</u> por el Señor Jesucristo al morir en la Cruz.
   *Juan 5:24, Gálatas 3:13
   "Lo peor que pueda decir de nosotros el diablo no compara con la oscura profundidad del pecado que pasó sobre Cristo en la Cruz. Allí encuentra perdón, limpieza y consuelo, el más empedernido pecador. El hecho de que somos los pecadores que somos, y a quienes tanto le gusta el diablo acusar, es sólo una verdad a medias. La otra mitad de la verdad es que Jesús murió en nuestro lugar y que hizo su obra de Redención completa. Esto es algo que el diablo nunca nos dice. Solamente el apacible Espíritu Santo nos lo dice. En realidad, se complace grandemente en 'confortar a todos los que lloran' (Isaías 61:2) y lo hace para darnos una nueva visión de Jesús y su sangre, así como de Su

intercesión en todo momento ante la presencia de Dios."

> **Verdad Adicional**
>
> **Romanos 8:1-4**
> *1 Ahora, pues, ninguna condenación hay
> para los que están en Cristo Jesús,
> los que no andan conforme a la carne,
> sino conforme al Espíritu.
> 2 Porque la ley del Espíritu de vida en Cristo Jesús
> me ha librado de la ley del pecado y de la muerte.
> 3 Porque lo que era imposible para la ley,
> por cuanto era débil por la carne,
> Dios, enviando a su Hijo
> en semejanza de carne de pecado
> y a causa del pecado,
> condenó al pecado en la carne;
> 4 para que la justicia de la ley
> se cumpliese en nosotros,
> que no andamos conforme a la carne,
> sino conforme al Espíritu.*

3. La revelación del Espíritu Santo tiene dos efectos.
    a. El creyente <u>acepta</u> voluntariamente su pecado y se juzga a sí mismo.
        "... la gracia de Dios revelada en el Calvario tiene el efecto de hacerle admitir su pecado ... Además, si puede considerarse inocente en un caso, hay muchos otros en los que

resultará culpable. En cualquier caso, le quedaría mal tratar de probar su inocencia ante la Cruz, en donde Él más Justo de los Justos, murió por él como el más injusto de los injustos. Entonces se produce en su corazón una actitud de gran valor a la vista de Dios: la del corazón quebrantado y contrito. Tan pronto como toma esta actitud, el creyente es traído directamente a la base de la redención, en donde sólo gracia le prodiga Dios."

b. Induce al creyente no sólo a reconocer francamente su pecado, sino también a <u>abandonar</u> sus propios esfuerzos por hacerse justo.

"Tal vez ningún otro versículo exprese más claramente el efecto de nuestra llegada a la Cruz, que uno de Isaías que dice: 'Volviéndoos a mí y en descanso seréis salvos.' (Isaías 30:15 — Versión Moderna).

"Este versículo está dirigido también a nosotros. Al volvernos, es decir al arrepentirnos, podemos descansar porque vemos que Jesús terminó su obra en la Cruz por nosotros."

Verdad Adicional

Romanos 4:6-8
*6 Como también David habla de
la bienaventuranza del hombre
a quien Dios atribuye justicia sin obras,
7 diciendo: Bienaventurados aquellos
cuyas iniquidades son perdonadas,
Y cuyos pecados son cubiertos.
8 Bienaventurado el varón
a quien el Señor no inculpa de pecado.*

Verdad Adicional

Romanos 5:6-9
*6 Porque Cristo, cuando aún éramos débiles,
a su tiempo murió por los impíos.
7 Ciertamente, apenas morirá alguno por un justo;
con todo,
pudiera ser que alguno osara morir por el bueno.
8 Mas Dios muestra su amor para con nosotros,
en que siendo aún pecadores,
Cristo murió por nosotros.
9 Pues mucho más,
estando ya justificados en su sangre,
por él seremos salvos de la ira.*

(1) Podemos descansar en cuanto a ser justos.

"La sangre preciosa de Jesús se ha anticipado y ha saldado el pecado que hemos confesado. Ha provisto para nosotros una justificación perfecta ante Dios, permitiéndonos descansar complacidos de no tener ninguna otra justificación ante los hombres. Y realmente sólo cuando estamos complacidos de no tener ninguna otra justificación ante Dios ni los hombres es que encontramos la paz. Cuánta es nuestra paz entonces, y qué alivio el nuestro sin los vanos esfuerzos por auto-justificarnos."

(2) Podemos descansar acerca de las consecuencias de nuestro pecado.

"Hasta el momento de nuestro arrepentimiento somos responsables por tal situación. Debemos aceptar las consecuencias de nuestras acciones. Le da al arrepentido paz por medio de la sangre de Cristo y luego se ocupa de la situación."

"Su nuevo propósito puede
que no esté separado de la disciplina,
pero Su gracia nos asegura
que será de infinito bien para nuestras vidas,
y descansamos."

"Por esto la eficacia de la sangre de Cristo se extiende no sólo a nuestros pecados sino a todas las circunstancias relacionadas. En una visión del poder de la sangre de Cristo que trae infinito alivio y paz al alma atormentada y arrepentida, produciendo un verdadero descanso de la ansiedad por probar la gracia de su maravilloso Dios."

Romanos 7:18
18 Y yo sé que en mí, esto es, en mi carne,
no mora el bien;
porque el querer el bien está en mí,
pero no el hacerlo.

"El Espíritu Santo, sin embargo, no tiene como prioridad el que tratemos de ser mejores, sino que nos arrepintamos de todo corazón de nuestro pecado ..."

"Entonces ya arrepentidos, el Espíritu Santo nos convida como pecadores a descansar al pie de la Cruz, allí donde el pecado es borrado y logramos la paz. Cuando como pecadores descansamos en este lugar bajo ... En este sitio bajo de humillación, en donde confesamos nuestras ofensas, Cristo nos da su propia Fe, 'la fe del Hijo de Dios' (Gál. 2:20)."

Gálatas 2:20
20 Con Cristo estoy juntamente crucificado,
y ya no vivo yo, mas vive Cristo en mí;
y lo que ahora vivo en la carne,
lo vivo en la fe del Hijo de Dios,
el cual me amó y se entregó a sí mismo por mí.

Reflexión y Aplicación

✎ ¿Está descansando en el perdón y la limpieza de Dios por sus pecados que les ha confesado a Dios?

❏ Sí / ❏ No

"¡Cuán diferente es la obra del Espíritu Santo de la del diablo! Mientras que Satanás sólo acusa para provocar desesperación, esclavitud y oposición, el Espíritu Santo convence de culpabilidad para traer bienestar, libertad y descanso. Ciertamente, es por el discernimiento de este hecho que podremos distinguir entre las acusaciones de Satanás y las convicciones del Espíritu Santo. Si el reproche es en forma de sermoneo o regaño, de acusación, sin fin, y si es un reproche ambiguo en vez de claramente específico, podemos estar seguros generalmente de que la acusación es de Satanás. Si el reproche es claro y determinado, y si instintivamente comprendemos que sólo tenemos que estar dispuestos a decir 'Sí' y arrepentirnos para tener paz y bienestar, podemos estar seguros de que es la voz de gracia del Espíritu Santo, y podemos obedecer sin temor alguno a Sus convicciones, volviéndonos al Calvario."

Queremos Ver a Jesús
Guía de Bosquejo

Capítulo 7

Viendo a Jesús Como el Camino

"Lo importante, sin embargo,
es ver que lo mismo que lo cualifica como la Puerta,
lo cualifica también como el Camino.
No fue Su vida ni sus enseñanzas
las que le cualificaron como la Puerta,
sino Su cruz, Su sangre, Su obra terminada,
la redención del pecado."

Viendo a Jesús Como el Camino

"El cuadro del Señor Jesús como la Puerta corresponde realmente al principio de la vida cristiana. Es el supremo mensaje que los hombres no regenerados necesitan oír cuando, bajo convicción de pecado, desean regresar a Dios y encontrar salvación. Sin embargo, en el capítulo anterior hemos aplicado el cuadro de la Puerta a las necesidades del creyente porque a veces está tan frío y derrotado, y lo ha estado durante tanto tiempo, que al fin cuando encuentra paz en el Señor Jesús, la entrada a la vida abundante es una crisis trascendental para él. En cualquier caso, los principios de la gracia revelados por la Puerta son para él para siempre. La entrada del creyente a todas las demás bendiciones es por 'intermedio de nuestro Señor Jesucristo' y deben ser alcanzadas por el arrepentimiento y la fe. Sin embargo, podría el lector evitar tener una imagen confusa de esto, si al leer el presente capítulo aplica el cuadro de la Puerta tanto al principio de la vida cristiana como a las experiencias críticas posteriores. Lo siguiente se aplica a la vida cristiana después de entrar por la Puerta, y sobre cómo continuar en la experiencia de la gracia ya obtenida."

"No obstante,
la Biblia nos presenta un cuadro de una Puerta
que no conduce al interior de una casa,
sino a un Camino."

Mateo 7:14
*14 porque estrecha es la puerta, y angosto el camino
que lleva a la vida,
y pocos son los que la hallan.*

Queremos Ver a Jesús - Guía de Bosquejo
Viendo a Jesús Como el Camino

"La Puerta se abre ante un Camino
que se hace estrecho más adelante y el Señor,
quien había dicho, 'Yo soy la Puerta',
ahora dice, 'Yo soy el Camino' (Juan 14:6)
que está tras la Puerta.
Tanto la Puerta como el Camino
son la misma bendita persona: Jesús."

Verdad Adicional

I Pedro 2:21-24
*21 Pues para esto fuisteis llamados;
porque también Cristo padeció por nosotros,
dejándonos ejemplo, para que sigáis sus pisadas;
22 el cual no hizo pecado,
ni se halló engaño en su boca;
23 quien cuando le maldecían,
no respondía con maldición;
cuando padecía, no amenazaba,
sino encomendaba la causa al que juzga justamente;
24 quien llevó él mismo nuestros pecados
en su cuerpo sobre el madero,
para que nosotros, estando muertos a los pecados,
vivamos a la justicia;
y por cuya herida fuisteis sanados.*

I. **El significado del "camino"**
   A. El Camino nos habla de una caminata, de un andar que es una <u>experiencia</u> continua.

"Una caminata es simplemente un paso reiterado, cuando algo sucede a cada momento, siempre en el

Queremos Ver a Jesús - Guía de Bosquejo
Viendo a Jesús Como el Camino

presente; después de un paso, el siguiente paso; después del primer 'ahora', el siguiente 'ahora' ... La experiencia de la Puerta fue esencial, pero ya quedó en el pasado. Podemos ser capaces de testificar que fuimos salvos o santificados en tal o cual fecha, pero Dios no quiere que continuamente traigamos esta experiencia a memoria, sino que vivamos con El cada momento del presente, siendo Jesús todo cuanto necesitamos."
Romanos 6:3-4, Gálatas 5:16, 25, Efesios 5:15-21

B. Una caminata como esta requiere un camino por <u>donde</u> andar.

"Y sólo tenemos que contemplar por un momento el hecho de que hemos sido llamados a caminar continuamente con Dios en una relación de tiempo presente, para hacernos la pregunta: ¿Cómo? ¿Cómo puede alguien, en circunstancias como las que vivimos, disfrutar caminar así? Con una naturaleza pecaminosa y con el pecado a nuestro alrededor, nos enfrentamos con lo que parece un pantano imposible. Necesitamos un Camino, y un Camino tal que hasta viajeros insensatos como nosotros puedan caminar por él en paz y seguridad."
Efesios 2:8-10, 4:1-6, 5:5-13, 7:17-18

"Dios ha provisto para nosotros tal Camino."

Isaías 35:8-9
*8 Y habrá allí calzada y camino,
y será llamado Camino de Santidad;
no pasará inmundo por él,
sino que él mismo estará con ellos;
el que anduviere en este camino, por torpe que sea,
no se extraviará.*

> **9** *No habrá allí león, ni fiera subirá por él,*
> *ni allí se hallará,*
> *para que caminen los redimidos.*

"Este Camino consagrado para personas como nosotros,
es el Señor Jesucristo mismo,
porque El dijo: 'Yo soy el Camino'.
A uno y otro lados están los pantanos del pecado,
pero extendiéndose a través y sobre ellos está nuestra Carretera,
adaptada con exactitud para nuestros pies cansados:
nuestro Señor Jesucristo."

Verdad Adicional

I Juan 2:6
6 El que dice que permanece en él,
debe andar como él anduvo.

"Fue este el concepto de los primeros cristianos sobre la vida cristiana. En el libro de los Hechos de los Apóstoles, cuando habla de los que ya habían encontrado al Señor Jesús, los llama los del 'camino'. En no menos de seis ocasiones, el cristianismo es nombrado como 'este Camino' (Hechos 9:2; 19:9, 23; 22:4; 24:14, 22)."

II. La dificultad del camino

"Comparado con la facilidad con que entramos por la Puerta, el caminar parece pesado ciertamente. Nos parece difícil mantener fresca la relación con Dios que era tan vívida cuando comenzamos. Nos es difícil mantener Su paz en nuestros corazones."

A. Parece complejo lograr que la <u>gracia</u> obre.
"La verdad es que muchos de los que hemos entrado por la Puerta en realidad no estamos caminando por el Camino, aunque tenemos nuestra mirada puesta en Sion. Nos hemos salido de la Carretera divinamente construida y arrastramos penosamente nuestros pies a través de los pantanos que abundan a cada lado."
  1. La <u>oración</u> se nos hace irreal.
  2. La <u>Biblia</u> se nos hace irreal.
  3. La <u>adoración</u> se nos hace irreal.
B. Básicamente, esta dificultad se debe al hecho de que no hemos visto a Jesús como el <u>Camino</u>, sino que estamos tratando de hacer de otras cosas el Camino.
"Algunos piensan que la oración es lo de más importancia en la vida cristiana. Otros colocan la Biblia en ese lugar, otros la comunión con los creyentes, otros el testificar, otros la iglesia y los sacramentos, y otros el prójimo. Se cree que si hacemos estas cosas, realmente estaremos viviendo la vida cristiana, y las convertimos por esta razón en el 'Camino'."

"Pero ninguna de estas cosas es el Camino, sino que hacen la vida cristiana estéril y difícil."

Verdad Adicional

Colosenses 2:18
18 Nadie os prive de vuestro premio, afectando humildad y culto a los ángeles, entremetiéndose en lo que no ha visto, vanamente hinchado por su propia mente carnal,

1. Estas actividades no tienen una respuesta para el <u>pecado</u>.

   "La oración, el testimonio, la confraternidad, la asistencia a la iglesia, y todo lo demás, no limpian el pecado ni le dan paz a la conciencia."

2. El valor de estas cosas depende de lo que <u>hagamos</u> con ellas.

   "Y hacerlas es precisamente la dificultad. Nos damos cuenta de que no las podemos hacer, al menos como nuestra conciencia nos dice que deben ser hechas. Y porque fallamos al hacerlas, no nos proporcionan la paz que necesitamos. O si pensamos que las hemos hecho correctamente, entonces contrarrestarán todo el bien que hubieran podido depararnos, porque engendran en nosotros el terrible pecado del orgullo."

3. Las metas no alcanzadas y el peso de los deberes no cumplidos, cargan y <u>condenan</u> nuestras conciencias.

   "Pablo se refería a esta experiencia cuando dijo: 'Y hallé que el mismo mandamiento que era para vida (si podía cumplirlo), me resultó para muerte' (porque no pude cumplirlo) (Romanos 7:10). El hombre que dice, 'creo en la oración', o 'creo en testificar', o en cualquier otra cosa, invariablemente terminará siendo maldecido por las mismas cosas en las cuales declara tener fe, porque tarde que temprano, no las cumplirá."

Queremos Ver a Jesús - Guía de Bosquejo
Viendo a Jesús Como el Camino

Gálatas 3:10, 13
*10 Porque todos los que dependen de las obras de la ley
están bajo maldición,
pues escrito está: Maldito todo aquel
que no permaneciere en todas las cosas escritas
en el libro de la ley, para hacerlas.
13 Cristo nos redimió de la maldición de la ley,
hecho por nosotros maldición
(porque está escrito:
Maldito todo el que es colgado en un madero),*

Reflexión y Aplicación

✏️¿Cuáles son algunas áreas de su vida que se han vuelto frías hacia Dios porque no las ha estado haciendo por Jesús sino en lugar de Jesús?

_____
_____
_____

III. La singularidad del camino

"Solamente el Señor Jesús es el Camino; intentar andar por otro camino es caer y perder toda esperanza. *Esto no quiere decir que no debamos hacer tales cosas, pues realmente deben ocupar un lugar prominente en la vida del cristiano. Más bien quiere decir que no son el Camino que tan a menudo pretendemos que sean. Solamente el Señor Jesús es el Camino.* Ningún otro puede dar acomodo a nuestros tropezadores pies."

Queremos Ver a Jesús - Guía de Bosquejo
Viendo a Jesús Como el Camino

A. No existe ningún camino hacia <u>Cristo</u>, porque Cristo mismo es el Camino.

"Pero si no tenemos una vida devocional continua con el Señor, expresada en oración y alimentada por Su Palabra, es porque nos hemos vuelto fríos espiritualmente y hemos perdido el contacto con el Señor. Este es, seguramente, el indicativo más acertado de cómo estamos espiritualmente en cualquier momento dado. En tal caso, el remedio no es como usualmente se cree, hacer un nuevo propósito de orar y leer la Biblia con más regularidad, sino ir directamente al Señor Jesús para arrepentirnos ante El de nuestra frialdad y de las cosas que la han causado, para recibir de nuevo Su limpieza."

Verdad Adicional

Apocalipsis 2:2-4
*2 Yo conozco tus obras,
y tu arduo trabajo y paciencia;
y que no puedes soportar a los malos,
y has probado a los que se dicen ser apóstoles,
y no lo son, y los has hallado mentirosos;
3 y has sufrido, y has tenido paciencia,
y has trabajado arduamente por amor de mi nombre,
y no has desmayado.
4 Pero tengo contra ti,
que has dejado tu primer amor.*

Queremos Ver a Jesús - Guía de Bosquejo
Viendo a Jesús Como el Camino

Verdad Adicional

Filipenses 3:10-11
*10 a fin de conocerle, y el poder de su resurrección,
y la participación de sus padecimientos,
llegando a ser semejante a él en su muerte,
11 si en alguna manera llegase
a la resurrección de entre los muertos.*

Reflexión y Aplicación

✎¿Qué le ha distraído de conocer a Jesús como su manera de vivir?

_____
_____
_____

IV. La necesidad del camino

"Miremos ahora más positivamente a Jesús como el Camino. Apartado de El ..."

A. El pecador se enfrenta a una <u>pared</u> (del pecado).

B. El creyente se encuentra con los impasables <u>pantanos</u> (del pecado).

"Si es pecado lo que bloquea la entrada para el pecador, también es el pecado lo que impide el progreso del creyente. Rodeado de pecado en el mundo, y con pecado en su corazón, ¿cómo puede el hombre tener compañerismo con Dios? Si el pecador necesita una Puerta, el creyente necesita un Camino una Carretera elevada, un Camino preparado por el que pueda caminar tranquilo, gozoso, y con poder, sobre los pantanos del pecado. Como hemos visto, Jesucristo es este Camino de descanso, gozo y poder; como también fue la Puerta de entrada."

"Lo importante, sin embargo,
es ver que lo mismo que lo cualifica como la Puerta,
lo cualifica también como el Camino.
No fue Su vida ni sus enseñanzas
las que le cualificaron como la Puerta,
sino Su cruz, Su sangre, Su obra terminada,
la redención del pecado."

V. Las descripciones del camino
   A. El Camino de la sangre

Hebreos 10:19-22
*19 Así que, hermanos, teniendo libertad
para entrar en el Lugar Santísimo por la sangre de Jesucristo,
20 por el camino nuevo y vivo que él nos abrió a través del velo,
esto es, de su carne,
21 y teniendo un gran sacerdote sobre la casa de Dios,
22 acerquémonos con corazón sincero,
en plena certidumbre de fe,
purificados los corazones de mala conciencia,
y lavados los cuerpos con agua pura.*

"No dice ... 'aquellos que nunca han sido sucios', ni 'aquellos que rara vez lo han sido', sino 'los redimidos', es decir, aquellos que en muchas o pocas ocasiones han sido contaminados por el pecado, pero que la sangre de Cristo los ha redimido y están siendo limpiados

continuamente, tan a menudo como sea necesario. Esto nos da la oportunidad de caminar en una continua y estrecha relación con Dios, y quita de nuestras almas toda amargura, porque 'si andamos en la luz, como él está en la luz, la sangre de Jesucristo su Hijo nos limpia de todo pecado ...' (1 Juan 1:7)."
*I Pedro 1:18-19, Apocalipsis 1:5-6

> **Verdad Adicional**
>
> **Efesios 1:7-9**
> *7 en quien tenemos redención por su sangre, el perdón de pecados según las riquezas de su gracia, 8 que hizo sobreabundar para con nosotros en toda sabiduría e inteligencia, 9 dándonos a conocer el misterio de su voluntad, según su beneplácito, el cual se había propuesto en sí mismo,*

B. El Camino del <u>arrepentimiento</u>

"... los pasos de fe y arrepentimiento con los que hemos entrado por la puerta, son los constantemente reiterados pasos con que andamos el Camino. No son dos mensajes, uno para los que no son salvos y otro para los salvados. Es el mismo bendito Señor que se le presenta a ambos, y la respuesta requerida a los dos es la del arrepentimiento. Su sangre declara que ha limpiado nuestro pecado, pero también exige que cuando pequemos lo reconozcamos y confesemos porque Su sangre limpia sólo el pecado confesado."

Queremos Ver a Jesús - Guía de Bosquejo
Viendo a Jesús Como el Camino

1. Jesús es el Camino de la verdad para dirigirnos al arrepentimiento.

    "Esto significa que la luz de la verdad siempre brilla en esta Carretera, mostrandonos continuamente la verdad sobre nosotros mismos y nuestro pecado. Los pensamientos y reacciones de nuestros corazones, las palabras de nuestros labios, y las acciones de nuestras manos, son todos mostrados como pecado por la luz de la Verdad."
    *Juan 14:6
    "Sin embargo, si rehusamos decir 'Sí' y arrepentirnos, entonces dejamos de caminar con Jesús, nos salimos de la Carretera, y nos encontramos en la oscuridad donde seremos mucho menos capaces de ver el pecado la próxima vez que nos ataque. Muy pronto, si continuamos rechazándolo, estaremos de nuevo luchando en los pantanos. Gracias a Dios podemos retornar al Camino en el momento que estemos dispuestos. Sólo tenemos que repetir los simples pasos de arrepentimiento y fe en la sangre del Señor Jesús, por los cuales entramos por la puerta la primera vez, y estaremos de regreso con El en la luz."

I Juan 1:9
*9 Si confesamos nuestros pecados,
él es fiel y justo para perdonar nuestros pecados,
y limpiarnos de toda maldad.*

2. Jesús es el Camino de la verdad para disfrutar del arrepentimiento.

"Tal es la victoria que siempre viene por el arrepentimiento–si está acompañada por la sencilla fe de que El será para nosotros todo lo que nos prometió ... El Camino de la Verdad ha sido encontrado para ser también el Camino de Vida."

Verdad Adicional

II Corintios 7:10-11
*10 Porque la tristeza que es según Dios
produce arrepentimiento para salvación,
de que no hay que arrepentirse;
pero la tristeza del mundo produce muerte.
11 Porque he aquí,
esto mismo de que hayáis sido contristados
según Dios,
¡qué solicitud produjo en vosotros,
qué defensa, qué indignación, qué temor,
qué ardiente afecto, qué celo, y qué vindicación!
En todo os habéis mostrado limpios en el asunto.*

Reflexión y Aplicación

✎¿Es suficiente la sangre de Jesús para pagar por sus pecados?

❑ Sí / ❑ No

Reflexión y Aplicación

✎ ¿De qué pecados debe arrepentirse para que la sangre de Jesús pueda limpiarlos de su vida?

_____
_____
_____

VI. La persona del camino–Jesucristo

"La frase central de las profecías de Isaías sobre el Camino es, 'El estará con ellos' (Isaías 35:8). El es el Camino y también es Dios quien camina a nuestro lado por ese Camino, llevando sobre sus hombros la responsabilidad de todos nuestros actos. Podemos ir a compras con Jesús, ir al trabajo en Su compañía, hacer las tareas mas sencillas de la casa con El, o tomar las mayores responsabilidades de nuestra profesión con El. Si nuestros pecados son limpiados mientras caminamos nos dirigiremos a El muchas veces en el día para pedirle Su dirección, Su ayuda, o simplemente para alabarle por Su amor y omnipotencia."

A. En ninguna parte de nuestra vida debemos estar <u>independientes</u> de El.

Verdad Adicional

Juan 15:5
*5 Yo soy la vid, vosotros los pámpanos;
el que permanece en mí, y yo en él,
éste lleva mucho fruto;
porque separados de mí nada podéis hacer.*

Queremos Ver a Jesús - Guía de Bosquejo
Viendo a Jesús Como el Camino

    B.   Su presencia <u>baña</u> con Su paz todo lo que hacemos.

"Si se perturba o se pierde esa paz, sabremos que ha llegado el pecado y tenemos qu arrepentirnos, porque la paz que viene del Espíritu Santo es el árbitro de todo lo que hacemo o pensamos (Col. 3:15)."

Colosenses 3:15
15 Y la paz de Dios gobierne en vuestros corazones, a la que asimismo fuisteis llamados en un solo cuerpo; y sed agradecidos..

Verdad Adicional

Hebreos 13:5-6
5 Sean vuestras costumbres sin avaricia, contentos con lo que tenéis ahora; porque él dijo: No te desampararé, ni te dejaré; 6 de manera que podemos decir confiadamente: El Señor es mi ayudador; no temeré Lo que me pueda hacer el hombre.

Reflexión y Aplicación

✎¿Está encontrando paz y satisfacción en la presencia de Jesús?
_____
_____
_____

VII. El Camino es el pasillo al avivamiento

"Y, ¿qué es lo que ha sucedido? Durante el avivamiento experimentamos una crisis, la experiencia de la Puerta. El Espíritu Santo nos puso bajo convicción, y vimos a Jesús como el único que puede darnos la paz y la victoria si nos arrepentimos. Pero no nos dimos cuenta de que al aceptar la convicción, el quebrantamiento y el arrepentimiento, no sólo entramos por la Puerta sino que también tomamos el Camino por el cual tendríamos que andar siempre. Realmente nos dimos cuenta de que los pasos de humildad eran necesarios para traernos al estado de paz y comunión con Dios que tanto necesitábamos, pero no esperábamos tener que repetirlos tan a menudo."

A. Sería necesario <u>repetir</u> esos pasos de humildad frecuentemente; deberían llegar a ser un hábito para nuestra alma.

Colosenses 2:6
6 Por tanto, de la manera que habéis recibido al Señor Jesucristo, andad en él;

1. Tenemos que continuamente estar dispuestos a ser puestos bajo <u>convicción</u>.
2. Tenemos que continuamente estar dispuestos a tener un continuo <u>quebrantamiento</u> ante el Señor.
3. Tenemos que continuamente estar dispuestos a tener un <u>arrepentimiento</u> permanente.

4. Tenemos que continuamente estar dispuestos a tener una <u>limpieza</u> ininterrumpida por Su sangre.

"El avivamiento, la santidad y la victoria significan andar constantemente con el Señor Jesús."

Verdad Adicional

Salmos 139:23-24
23 Examíname, oh Dios, y conoce mi corazón;
Pruébame y conoce mis pensamientos;
24 Y ve si hay en mí camino de perversidad,
Y guíame en el camino eterno.

Reflexión y Aplicación

✎Escriba su oración a Dios que exprese su voluntad de permitirle que busque su pecado para que pueda arrepentirse y disfrutar de Su limpieza.

_____
_____
_____
_____
_____

"Ahora, una palabra en cuanto a recapturar la experiencia perdida. La experiencia sobresaliente de haber sido saturado por el Espíritu

Santo, algunas veces puede ser más una maldición que una bendición para nosotros porque cuando una experiencia así se pierde, el diablo se vale del recuerdo de ella para regañarnos y condenarnos. Y lo que ha sido ordenado para vida, nos parece mortal. Aún más, el diablo usa esas experiencias pasadas para provocarnos a tratar de recuperarlas por medio de las obras, y nos hundimos cada vez más en la oscuridad y la desesperación, ya que nuestras resoluciones de hacer esto o hacer aquello no dan resultado. El camino para regresar no obstante, es sencillo, tan sencillo que puede que no lo veamos. Simplemente consiste en quitar nuestra vista de las bendiciones que Jesús nos da, dejar de tratar de reconquistarlas, y fijar nuestra mirada en Jesús tal como somos, y en el lugar donde nos encontramos. Entonces el Señor Jesús mismo nos mostrará lo que anda mal en nuestras actuales relaciones con El. Entonces cuando inclinemos nuestro rostro en arrepentimiento, nos encontraremos de nuevo con El. Esta vez lo apreciaremos en una capacidad más preciosa, como nunca antes, como nuestro nuevo y viviente Camino, y tendremos un diario andar en Su compañía, en arrepentimiento y fe."

"Podemos pensar de este Camino entonces, en varias formas: como el Camino de la sangre, el Camino del arrepentimiento, el andar con Jesús, o algún otro nombre. Todos significan lo mismo. Cristo mismo es el Camino, y por consiguiente Su redención es una experiencia continua. Este fue el Camino primitivo de la temprana Iglesia, cuya visión se ha perdido hoy en el laberinto de los meros esfuerzos personales y las enseñanzas humanas y que ha sido reemplazado ampliamente por el Camino de las obras en múltiples y disimuladas formas. Como dice Jeremías, nos han hecho tropezar en nuestros caminos, desviándonos de caminos conocidos, para que andemos en veredas torcidas, por camino no allanado (Jeremías 18:15), en el cual hay poco arrepentimiento y poco del gozo del redimido. Necesitamos redescubrir, cada cual por sí mismo, esa antigua vereda 'donde está el camino bueno, y andar en él, y hallaréis descanso para vuestras almas' (Jeremías 6:16)."

Queremos Ver a Jesús
Guía de Bosquejo

Capítulo 8

Viendo a Jesús Como Nuestra Meta

"El es el Fin, nuestra Meta,
todo cuanto necesitamos,
y el fácil y accesible camino a ese Fin."

Viendo a Jesús Como Nuestra Meta

"Ahora que ya hemos visto el camino de la sangre de Jesús y la necesidad que tenemos de andar en El arrepentidos y verdaderamente quebrantados, nos debemos hacer la pregunta; ¿a dónde conduce? ¿Cuál es su meta? Esta es una pregunta interesante e importante, porque los varios fines que naturalmente nos proponemos en la vida cristiana son a menudo muy diferentes del único gran propósito que Dios le ha determinado a este Camino. Esto explica la continua frustración que a menudo experimentamos en la vida y el servicio cristiano."

I. **Las metas incorrectas del Camino**
   A. Más poderosos en Su <u>servicio</u>
      1. Más usados por Dios para ganar almas.
      2. Tener nuestra iglesia siempre llena con un creciente número de almas rescatadas.
   B. Tener paz y <u>felicidad</u>
   C. Aliviar la situación en sus <u>hogares</u>

"Ninguno de nosotros necesita escudriñar más alla de nuestro propio corazón para saber qué es lo que creemos que una respuesta a Cristo nos traerá, y que muchas veces nos motiva a responderle. Es así porque estas rezones y otras similares son fines que rara vez Dios permite que alcancemos y por las cuales tanto nos esforzamos y terminamos frustrados. Son metas equivocadas."

Queremos Ver a Jesús - Guía de Bosquejo
Viendo a Dios—El Propósito de la Vida

Reflexión y Aplicación

✎¿Cómo ha puesto sus deseos personales por encima de conocer al verdadero Camino, a Jesús?

_____

_____

II. La meta correcta del Camino
A. Jesús mismo

"Hallándolo a El, el hombre encuentra no solamente el Camino, sino la Meta también. No tenemos que seguir buscando más allá de El para satisfacer nuestras necesidades. El es el Fin, nuestra Meta, todo cuanto necesitamos, y el fácil y accesible camino a ese Fin."

Juan 14:4-11
4 Y sabéis a dónde voy, y sabéis el camino.
5 Le dijo Tomás: Señor, no sabemos a dónde vas;
¿cómo, pues, podemos saber el camino?
6 Jesús le dijo: Yo soy el camino, y la verdad, y la vida;
nadie viene al Padre, sino por mí.
7 Si me conocieseis, también a mi Padre conoceríais;
y desde ahora le conocéis, y le habéis visto.
8 Felipe le dijo: Señor, muéstranos el Padre, y nos basta.
9 Jesús le dijo: ¿Tanto tiempo hace que estoy con vosotros,
y no me has conocido, Felipe?
El que me ha visto a mí, ha visto al Padre;
¿cómo, pues, dices tú: Muéstranos el Padre?

10 ¿No crees que yo soy en el Padre, y el Padre en mí?
Las palabras que yo os hablo,
no las hablo por mi propia cuenta,
sino que el Padre que mora en mí, él hace las obras.
11 Creedme que yo soy en el Padre, y el Padre en mí;
de otra manera, creedme por las mismas obras.

> "A la luz de esto, podemos ver lo que algunos de nosotros hemos estado haciendo. Nos hemos estado beneficiando de Jesús y Su sangre como el camino, pero con otros fines diferentes a El mismo. Estamos dispuestos a hacer cuanto podamos para poner las cosas en orden, algunas veces con gran costo para nosotros, porque vemos muy deseable el fin que perseguimos ... Aunque nuestros motivos estén libres de intereses egoístas, aún así no deben ser el fin ni la razón por la cual queremos arreglar nuestra vida con Dios. La razón por la cual nos debemos enmendar no es la de estar en condiciones de recibir el avivamiento, o el poder, o para ser usados por Dios, o tener tal o cual bendición, sino, 'que lo podamos tener a El' ... El debe ser el Fin. Pero, otros fines, y todos ellos son ídolos, han tomado Su lugar en nuestros corazones.

"Pero, el Señor no puede permitirnos por mucho tiempo
que sigamos haciendo de El un medio
para alcanzar otros fines distintos a El mismo.
El sabe que todos esos fines no satisfarán nuestros corazones,
porque hemos sido hechos para El,
y que no descansaremos hasta que tengamos Su paz"

II Corintios 5:19
19 que Dios estaba en Cristo reconciliando consigo al mundo, no tomándoles en cuenta a los hombres sus pecados, y nos encargó a nosotros la palabra de la reconciliación.

Efesios 1:5
5 en amor habiéndonos predestinado para ser adoptados hijos suyos por medio de Jesucristo, según el puro afecto de su voluntad,

Tito 2:14
14 quien se dio a sí mismo por nosotros para redimirnos de toda iniquidad y purificar para sí un pueblo propio, celoso de buenas obras.

"'Lo que te he prometido es que si caminas conmigo, y me permites que te muestre el pecado y te limpie de él tan pronto llegue, no tendrás esas cosas, sino a Mí. Hazme tu Meta y seguramente alcanzarás esa Meta, y estarás satisfecho. No te faltará nada de lo que está en la voluntad de Dios para ti'. Lo vergonzoso es, que cuando comprendemos esto, nos decepcionamos. Tenemos que admitir que no le queríamos a El, sino a Sus dones, debido a motivos ocultos y egoístas. Como lo dice el escritor de un himno: 'Yo suspiraba por ellos, no por Tí'. Esta es la razón por la cual Dios no nos ha permitido poseer tales dones."

"Lo maravilloso es que cuando estamos dispuestos a reconocer como pecado el hacer estas cosas nuestros fines, y a tener únicamente a nuestro Señor Jesucristo como nuestra única meta, Dios se complace en darnos con El esas mismas cosas que ahora no tenemos como prioridad. '¿Cómo no nos dará también con El todas las cosas?' (Romanos 8:32). Y quién puede decir qué es lo que no está incluido en Su generosidad en las palabras 'todas las cosas'? ¡Cuántas maravillas hará El por los que ahelan y buscan a Jesús!"

> **Verdad Adicional**
>
> **Filipenses 3:13-14**
> *13 Hermanos, yo mismo no pretendo haberlo ya alcanzado;*
> *pero una cosa hago:*
> *olvidando ciertamente lo que queda atrás,*
> *y extendiéndome a lo que está delante,*
> *14 prosigo a la meta,*
> *al premio del supremo llamamiento de Dios en Cristo Jesús.*

Reflexión y Aplicación

✎ ¿Cuál es el objetivo "final" de su vida?
_____
_____

III. La bendición del Fin del Camino

"El Señor Jesucristo dijo que los que vienen a El encuentran no sólo el camino al Padre, sino al Padre mismo, y seguramente esto aplica también a todas las demás bendiciones que busquemos. La gloriosa verdad es que ..."

A. Jesús no sólo es el camino de bendición, sino la <u>bendición</u> misma que necesitamos.

B. Jesús no sólo es el camino al poder, sino nuestro <u>poder</u>.
C. Jesús no sólo es el camino a la victoria, sino nuestra <u>victoria</u>.
D. Jesús no sólo es el camino a la santificación, sino nuestra <u>santificación</u>.
E. Jesús no sólo es el camino a la sanidad, sino nuestra <u>sanidad</u>.
F. Jesús no sólo es el camino al avivamiento, sino nuestro <u>avivamiento</u>.

"Jesús se hace a sí mismo todo cuanto necesitamos ... Camino y Fin son sólo Una persona, las cuales encontramos juntas en cada momento sucesivo de arrepentimiento y fe."

Colosenses 2:10
10 y vosotros estáis completos en él, que es la cabeza de todo principado y potestad.

Verdad Adicional

I Corintios 1:30-31
30 Mas por él estáis vosotros en Cristo Jesús, el cual nos ha sido hecho por Dios sabiduría, justificación, santificación y redención;
31 para que, como está escrito: El que se gloría, gloríese en el Señor.

"El Señor Jesús, sin embargo, no es sólo el fin de nuestras luchas por la justificación ante Dios; también lo es para todo lo demás: paz, victoria, santidad, sanidad, avivamiento, etc. Qué luchas hemos tenido para obtener estas bendiciones, cuántas penosísimas renuncias, cuántas oraciones, cuántas mortificaciones, cuántas batallas para hacer nuestros corazones menos pecadores. Pero al llegar a El arrepentidos y confesando nuestro pecado, nos acercamos al Unico que en el momento de nuestra humillación es la verdadera bendición por la cual hemos estado luchando en tantas otras direcciones. El es nuestra paz, nuestro poder, nuestra victoria, nuestro avivamiento. No hay nada más allá de El."

Verdad Adicional

Hebreos 12:1-2
*1 Por tanto, nosotros también,
teniendo en derredor nuestro
tan grande nube de testigos,
despojémonos de todo peso
y del pecado que nos asedia,
y corramos con paciencia
la carrera que tenemos por delante,
2 puestos los ojos en Jesús,
el autor y consumador de la fe,
el cual por el gozo puesto delante de él sufrió la cruz,
menospreciando el oprobio,
y se sentó a la diestra del trono de Dios.*

Reflexión y Aplicación

✎¿Qué áreas de su vida usted necesita que Jesús complete?

_____
_____
_____

"¿Significa esto que quien ha encontrado tanto el camino como el Fin en el Señor Jesús ha alcanzado las alturas de la espiritualidad que tiene Dios para él? ¡No! Sigue siendo un pecador; todavía necesita la sangre de Jesús; aun necesita arrepentirse. Realmente está mucho más dispuesto al arrepentimiento que nunca, porque parte de su descubrimiento es que el camino del arrepentimiento es el camino de probar al Señor Jesús como su todo. Entonces, ¿qué ha encontrado? Por fin ha encontrado dónde está el verdadero oro, y ha cavado su pozo en la preciosa veta, el Señor Jesús. Ahora ya no será sacudido ni perturbado por informes de 'suerte', en esta doctrina, o esta experiencia, o cualquier otro énfasis. Y lo más extraño es, que después de todos sus intentos por encontrar la respuesta en tantas otras direcciones, ha regresado a su propia mina, la misma que cavó cuando Dios lo salvó, cuando fue redimido. Ahora sólo necesita profundizar cada día más en el mismo lugar una convicción más profunda, un arrepentimiento más profundo, una limpieza más profunda y una fe más profunda, y encontrará la vida y la plenitud de Su viviente Señor Jesús, tanta como pueda necesitar."

Queremos Ver a Jesús
Guía de Bosquejo

Capítulo 9

Viendo a Jesús por Otros

"Digamos la verdad simple y llanamente
el Señor Jesús es para otros."

Viendo a Jesús por Otros

"... ¿qué comprende este nuevo comienzo? Rara vez necesitamos hacer esta pregunta, porque instintivamente todo el que hace este descubrimiento se da cuenta de que también es para otros. El nuevo testimonio que tal persona da no es solamente para que su Señor se glorifique, sino para que otros puedan compartir la misma vida de que él está gozando. Verdaderamente, es el compartir con otros la nueva vida en Cristo lo que esparce el avivamiento."

"Nunca llegará el día cuando la gracia termine y el Yo tenga que comenzar de nuevo, y esto aplica tanto a lo que llamamos nuestro servicio, como cualquier otra parte de nuestra vida cristiana. En ningún otro momento necesitamos conocer más el camino de gracia que cuando impartimos esta vida a otros. El servicio que prestamos a nuestro prójimo no viene de grandes esfuerzos nuestros de vivir para ellos, sino mas bien, porque vemos a Jesús amándolos y simplemente nos hacemos accesibles a El para ser los canales de Su gracia y poder para ellos. Este fue el camino que El anduvo en comunión con el Padre, y este es el camino que debemos caminar en nuestra comunión con El. Jesús, dijo: 'El Hijo no puede hacer nada por sí mismo, sino lo que El ha visto hacer al Padre; porque todo lo que el Padre hace, también lo hace el Hijo igualmente' (Juan 5:19). Y nosotros tampoco podemos hacer nada sino lo que vemos que hacer el Señor Jesús. Hasta que veamos lo que El hace estaremos imposibilitados, y nuestro servicio no será más que nuestra propia iniciativa. Pero, si primero buscáramos ver lo que el Señor Jesús hace en una situación, podríamos entonces movernos con El, al igual que el Hijo se mueve con el Padre, y en esta cooperación entre hombre y Dios se produce la verdadera obra Suya. Nosotros no originamos nada, sino que simplemente le cedemos nuestras vidas para ser los canales para lo que El inicia y lleva a cabo, y confiar que El lo haga a través de nosotros."

Queremos Ver a Jesús - Guía de Bosquejo
Viendo a Jesús por Otros

> **Verdad Adicional**
>
> **Mateo 20:28**
> *28 como el Hijo del Hombre
> no vino para ser servido,
> sino para servir,
> y para dar su vida en rescate por muchos.*

"Digamos la verdad simple y llanamente
el Señor Jesús es para otros."

I. Jesús sirve a los demás
"Todo lo que hizo Jesús fue para otros."
Mateo 1:21, Lucas 19:10, Juan 13:4-7

> **Verdad Adicional**
>
> **Filipenses 2:5-11**
> *5 Haya, pues, en vosotros este sentir
> que hubo también en Cristo Jesús,
> 6 el cual, siendo en forma de Dios,
> no estimó el ser igual a Dios
> como cosa a que aferrarse,
> 7 sino que se despojó a sí mismo,
> tomando forma de siervo,
> hecho semejante a los hombres;
> 8 y estando en la condición de hombre,
> se humilló a sí mismo,
> haciéndose obediente hasta la muerte,
> y muerte de cruz.*

> **Verdad Adicional**
>
> *9 Por lo cual Dios también le exaltó hasta lo sumo,*
> *y le dio un nombre que es sobre todo nombre,*
> *10 para que en el nombre de Jesús*
> *se doble toda rodilla de los que están en los cielos,*
> *y en la tierra, y debajo de la tierra;*
> *11 y toda lengua confiese que Jesucristo es el Señor,*
> *para gloria de Dios Padre.*

A. Él <u>bajó</u> desde el cielo por otros.
B. Él entregó Su <u>vida</u> por otros.
C. Él fue <u>levantado</u> de entre los muertos para justificar a otros.
D. Él ocupa Su <u>posición</u> en los cielos para otros.

Hebreos 9:24
24 Porque no entró Cristo en el santuario hecho de mano,
figura del verdadero,
sino en el cielo mismo
para presentarse ahora por nosotros ante Dios;

"Esto determina cuál es Su propósito.
Es recuperar a todos para Dios y para sí mismo
por medio de la redención de su cruz,
por la poderosa obra de su Santo Espíritu."

Reflexión y Aplicación

✎ ¿Cómo le ha servido Jesús en su salvación y vida espiritual?

_____

_____

_____

II. **Jesús convida a personas redimidas para que cooperen con Él.**

Juan 15:1-8

1 *Yo soy la vid verdadera, y mi Padre es el labrador.*
2 *Todo pámpano que en mí no lleva fruto, lo quitará;*
y todo aquel que lleva fruto,
lo limpiará, para que lleve más fruto.
3 *Ya vosotros estáis limpios por la palabra que os he hablado.*
4 *Permaneced en mí, y yo en vosotros.*
Como el pámpano no puede llevar fruto por sí mismo,
si no permanece en la vid,
así tampoco vosotros, si no permanecéis en mí.
5 *Yo soy la vid, vosotros los pámpanos;*
el que permanece en mí, y yo en él, éste lleva mucho fruto;
porque separados de mí nada podéis hacer.
6 *El que en mí no permanece,*
será echado fuera como pámpano, y se secará;
y los recogen, y los echan en el fuego, y arden.
7 *Si permanecéis en mí,*
y mis palabras permanecen en vosotros,
pedid todo lo que queréis, y os será hecho.

*8 En esto es glorificado mi Padre,
en que llevéis mucho fruto,
y seáis así mis discípulos.*

"¡Qué consuelo para nosotros, cuando conscientes de nuestra debilidad sabemos que El es la Vid! Pero, por la otra parte, de cuánta autoridad y osadía nos reviste esto cuando nos movemos entre la humanidad necesitada y hambrienta. Yo soy Su rama, una parte de El, cuyos recursos no tienen límites para la bendición de todos los que están a mi alrededor."

Verdad Adicional

II Corintios 5:18-21
*18 Y todo esto proviene de Dios,
quien nos reconcilió consigo mismo por Cristo,
y nos dio el ministerio de la reconciliación;
19 que Dios estaba en Cristo
reconciliando consigo al mundo,
no tomándoles en cuenta a los hombres sus pecados,
y nos encargó a nosotros
la palabra de la reconciliación.
20 Así que, somos embajadores en nombre de Cristo,
como si Dios rogase por medio de nosotros;
os rogamos en nombre de Cristo:
Reconciliaos con Dios.
21 Al que no conoció pecado,
por nosotros lo hizo pecado,
para que nosotros fuésemos hechos
justicia de Dios en él.*

Queremos Ver a Jesús - Guía de Bosquejo
Viendo a Jesús por Otros

A. Jesús es la <u>vid</u> verdadera.
"Muchos podemos mirar hacia atrás a la buena y piadosa crianza que tuvimos, que nos evitó mucho de lo que ha dañado otras vidas. Entonces vino el día, cuando oyendo el mensaje de gracia, recibimos a Jesucristo como nuestro Salvador. Aquellos días fueron seguidos de maravillosos privilegios y de bendiciones que fueron negadas a muchos otros. Fuimos enseñados, tal vez, por profesores bien versados en las Escrituras; gozamos de la comunión con otros santos; un mundo de servicio estaba pronto a nuestra mano, y Dios derramaba sobre nosotros innumerables bendiciones. Tuvimos las atenciones personales del viñador, pues venía a menudo a nosotros para podar y sanar. De muchos de nosotros, y en grado variable, Dios tiene que decir: 'Qué más podía hacer a mi viña, que no haya hecho en ella'? Y aún así, cuando El buscaba uvas, el fruto del Espíritu, que la glorificara y bendijera a otros, le brindamos sólo uvas silvestres, amargas, las perversas obras de la carne."

1. Cuando tratamos de ser la vid, manifestamos las obras de la <u>carne</u>.
   Lucas 13:6-9

Gálatas 5:19-21
19 Y manifiestas son las obras de la carne, que son: adulterio, fornicación, inmundicia, lascivia,
20 idolatría, hechicerías, enemistades, pleitos, celos, iras, contiendas, disensiones, herejías,
21 envidias, homicidios, borracheras, orgías, y cosas semejantes a estas; acerca de las cuales os amonesto, como ya os lo he dicho antes, que los que practican tales cosas no heredarán el reino de Dios.

Queremos Ver a Jesús - Guía de Bosquejo
Viendo a Jesús por Otros

Romanos 7:18
18 Y yo sé que en mí, esto es, en mi carne, no mora el bien; porque el querer el bien está en mí, pero no el hacerlo.

"'Oh Dios, perdóname el pecado que cometo al ser yo'."

2. Cuando simplemente somos ramas en El, la Vid, no producimos fruto, sino sencillamente llevamos el que El <u>produce</u>, cuando permitimos que el Señor Jesús viva en nosotros.

"Si comprendemos correctamente, esta es la mejor noticia que podemos recibir. Ya Dios no espera que seamos la vid. No tenemos que tratar de serlo. La responsabilidad de producir fruto ya no es nuestra. Dios tiene su propia y verdadera Vid, el Señor Jesús resucitado, quien es capaz de producir todo el fruto que Dios requiere para otros y llena los propósitos de Su gracia para la humanidad."
*Filipenses 2:13, Hebreos 13:20-21

Gálatas 2:20
20 Con Cristo estoy juntamente crucificado, y ya no vivo yo, mas vive Cristo en mí;
y lo que ahora vivo en la carne,
lo vivo en la fe del Hijo de Dios,
el cual me amó y se entregó a sí mismo por mí.

Verdad Adicional

II Corintios 4:11-12
11 Porque nosotros que vivimos, siempre estamos entregados a muerte por causa de Jesús, para que también la vida de Jesús se manifieste en nuestra carne mortal. 12 De manera que la muerte actúa en nosotros, y en vosotros la vida.

"Aquí hay un Pablo que fue crucificado con Cristo, y el Pablo que no obstante vive. ¿Cuál es cuál? El Pablo que fue crucificado con Cristo es Pablo la vid, quien vanamente trató de hacer lo mejor que pudo. El Pablo que a pesar de todo vivió es la rama, el hombre que fue quebrantado en cuanto a la confianza en sí mismo, y dependió de su Señor. En Pablo la rama, el Señor Jesús vivió Su vida de nuevo, cuando dice: 'Y ya no vivo yo, mas vive Cristo en mí', exactamente como lo hace la vid por medio de su savia en las ramas. Jesús vino a ser para Pablo la Vid, la fuente y origen de todos los frutos que se vieron en su vida y servicio."

Gálatas 5:22-23
22 Mas el fruto del Espíritu es amor, gozo, paz, paciencia, benignidad, bondad, fe, 23 mansedumbre, templanza; contra tales cosas no hay ley.

"El Señor nos invita a que regresemos a El en arrepentimiento y que confesemos a El en arrepentimiento y que confesemos nuestras pretensiones de ser nosotros mismos la vid, y recibamos de Sus manos el perdón y la limpieza. Inmediatamente Jesús se confvierte de nuevo para nosotros en la Vid, y nosotros no transformamos en las ramas que descansan el El. En lugar del fracaso, tenemos el fruto del Espíritu, los productos de Su vida y naturaleza. ¡Qué adorno son estas preciosas uvas, todas para la bendición de otros, y todas con las características de Jesús nuestro Señor! ¡Qué contraste co las obras de la carne, tan características de nosotros!"

"La victoria, no obstante,
siempre se obtiene por el arrepentimiento.
Jesús no puede ser la Vid para nosotros
a menos que nos arrepintamos de las obras de la carne
como Dios nos lo muestra."

"No necesita que lo persuadamos para que salve y avive a otros. Esa es Su obra. No comienza a trabajar cuando comenzamos a orar y a creer en El. Ha estado trabajando así siempre, pero no hemos estado unidos a El. Pero cuando empezamos a orar, y aún más importante, cuando nos involucramos en Sus propósitos en los cuales El ya está ocupado, nos convertimos en las ramas que llevan Su fruto. Que esta sea nuestra experiencia, depende simplemente de cuánto esperábamos de El."

Queremos Ver a Jesús - Guía de Bosquejo
Viendo a Jesús por Otros

B. Somos las ramas

"Finalmente, llegamos ahora a la pregunta: ¿Cuál es nuestra parte como ramas, si Su fruto es el que ha de nacer en nosotros, y Sus propósitos serán cumplidos a través de nosotros?"

1. Debemos por fe <u>ver</u> continuamente a Jesús como la Vid.

   "... quien en Su amor para los demás está obrando Sus propósitos de gracia para ellos con el poder de Sus ilimitados recursos ... Nuestra debilidad y pobreza no son obstáculos para El; realmente le dan mayor oportunidad para comprobar quién es."
   II Corintios 12:10

2. Debemos estar dispuestos a ser quebrantados y a hacernos <u>accesibles</u> a El como una rama.

   "La rama no tiene vida independiente que le pertenezca. Existe solamente para llevar el fruto de la Vid. Así deben ser nuestras relaciones con el Señor Jesús ... Esto implica continuamente morir a sí mismo, a derechos y deseos, pero solamente así puede el Señor Jesús dar Su fruto en la rama."
   I Corintios 15:31

"¡Qué lucha hay en nuestros corazones
con nuestro egoísmo y los propios intereses personales!"

Queremos Ver a Jesús - Guía de Bosquejo
Viendo a Jesús por Otros

Verdad Adicional

II Timoteo 2:19-21
*19 Pero el fundamento de Dios está firme,
teniendo este sello:
Conoce el Señor a los que son suyos;
y: Apártese de iniquidad todo aquel
que invoca el nombre de Cristo.
20 Pero en una casa grande,
no solamente hay utensilios de oro y de plata,
sino también de madera y de barro;
y unos son para usos honrosos,
y otros para usos viles.
21 Así que, si alguno se limpia de estas cosas,
será instrumento para honra, santificado,
útil al Señor, y dispuesto para toda buena obra.*

Reflexión y Aplicación

✎¿Qué debe limpiar Dios de su vida para que pueda producir fruto espiritual a través de ellas?

_____
_____
_____

III. **Jesús tiene que ser visto como la Vid a fin de que permanezca en Él como la Vid.**

"El secreto está seguramente en la Vid,
y la bendición viene por nuestra visión de El como la Vid,
y mientras le vemos, antes de que lo sepamos,
¡estemos permaneciendo!"

A. Tenemos que recordar que Dios nos ha <u>colocado</u> en "Su Hijo ... la Vid."
B. Tenemos que ... en El
   1. <u>Permanezcamos</u> allí
   2. <u>Vivamos</u> allí
   3. <u>Continuemos</u> allí
   4. <u>Moremos</u> allí
C. Él, el Hijo de Dios, la Vid, nos hace promesa a ... en nosotros
   1. <u>Vivir</u>
   2. <u>Permanecer</u>
   3. <u>Morar</u>
   4. <u>Continuar</u>

"Y cuando El vive nuevamente Su vida en nosotros,
Su fruto y Su victoria no pueden hacer más que manifestarse,
porque nuestro Señor nunca falta."

Queremos Ver a Jesús - Guía de Bosquejo
Viendo a Jesús por Otros

Reflexión y Aplicación

✎ ¿En qué áreas de su vida necesita permanecer, descansar, y depender en Jesús para que Él pueda usarle para producir fruto?

_____
_____
_____

IV. **Simplemente tenemos que permanecer en Jesucristo.**
   A. Tenemos que tener un deseo de <u>arrepentimiento</u> inmediatamente que llega el pecado, porque hemos asumido la posición de la vid.
   B. Tenemos que ver continuamente a Jesús como la <u>Vid</u>, vivir y actuar a favor de otros con el poder de Sus ilimitados recursos.
   C. Tenemos que tener una <u>fe</u> continua que nos demuestra su unión con esta preciosa Vid.
   D. Tenemos que tener un quebrantamiento que de continuo rinde todos sus <u>intereses</u> y <u>derechos</u> ante Jesús, con lo cual puede estar accesible a Él como Su rama para bendecir a otros.
   E. Tenemos un derramamiento de <u>amor</u> hacia otros, no en palabras sino en hechos.

Juan 15:10, 12
*10 Si guardareis mis mandamientos,
permaneceréis en mi amor;
así como yo he guardado los mandamientos de mi Padre,
y permanezco en su amor.
12 Este es mi mandamiento:
Que os améis unos a otros, como yo os he amado.*

Verdad Adicional

II Corintios 4:5
*5 Porque no nos predicamos a nosotros mismos,
sino a Jesucristo como Señor,
y a nosotros como vuestros siervos por amor de Jesús.*

Reflexión y Aplicación

✏¿Le pedirá a Dios que le ayude a depender continuamente en Jesús mientras trata de permitirle que sirva a otros a través de su vida?

❑Sí / ❑ No

"No hagamos de ellos una fórmula. Simplemente veamos a Jesús como la Vid y a nosotros mismos como parte de El, deseosos y dispuestos a ser Sus ramas para otros. Quiera Dios, que esta maravillosa, viviente y graciosa Vid, viva otra vez Su vida en nosotros, que produzca Sus propios frutos para los hombres y haga maravillas para ellos."

Los Otros Estudios Bíblicos y Libros disponibles por Los Ministerios de Andando en la PALABRA
www.walkinginthewordministries.net

**Una Guía de Bosquejo para
El Camino del Calvario
de Roy Hession**

Esta guía en forma de bosquejo
fue escrita para mejorar
su capacidad de comprender, recordar,
y aplicar las verdades espirituales importantes
compartidas en
El Camino del Calvario.

**Matrimonio:
Un Pacto Delante de Dios**

Diez estudios y materiales extras
para ayudar a una pareja
a tener un matrimonio bíblico.

La Crianza con Propósito

Seis estudios
sobre la crianza bíblica.
Los primeros tres estudios se enfocan en la
necesidad de los padres
para honrar a Dios con su niño.
Los últimos tres estudios se enfocan en cómo
los padres tienen que representar
a Dios Padre a su niño.

La Armadura de Dios para las Batallas Diarias

Un estudio diario
para ayudar a los creyentes
a aprender y aplicar
los recursos espirituales
que Dios el Padre les da
para vivir la vida victoriosa.

Andando en la Vida Nueva

El propósito de este libro es estudiar las Escrituras para encontrar el verdadero significado de la "Vida Nueva" que se encuentra en Jesucristo y luego descubrir las grandes promesas que cada uno de los hijos de Dios puede disfrutar, así como las grandes responsabilidades que deben cumplir mientras caminan "en vida nueva" (Romanos 6:4).
*Una guía de estudio está disponible.

Dios Le CUIDA

Un libro de esperanza bíblica
encontrada por reconocer
el amor y cuido de Dios
en las circunstancias difíciles.

¿Qué dice la Biblia sobre: La Salvación?, El Bautismo?, La Membresía de la Iglesia?

Tres estudios sencillos
para investigar y repasar
la salvación
y los primeros pasos de obediencia
en la vida del creyente.

El Corazón del Hombre

Un análisis Bíblico
tocante a la salvación,
los primeros pasos de la obediencia,
y la vida nueva.

¿Quiénes Son Los Bautistas? Según Sus Distintivos

Un estudio bíblico
de las ocho creencias básicas
de los Bautistas.

La Búsqueda para la Mano de Dios en Mi Vida

Un estudio de seis temas importantes para que un creyente pueda ver el cuidado y la dirección de Dios en su vida.

¿La Voluntad de Dios es un Rompecabezas para Ti?

Un estudio y formulario bíblico para encontrar la voluntad de Dios para su vida.

Los Componentes Básicos para una Vida Cristiana Estable

Cinco estudios explicando la importancia de y como organizarse en la oración, el estudio bíblico, las verdades bíblicas, los versículos de memoria, y la predicación.

Por favor visita
<u>www.walkinginthewordministries.net</u>
para encontrar más recursos bíblicos en español y ingles.

www.ingramcontent.com/pod-product-compliance
Lightning Source LLC
Chambersburg PA
CBHW071507040426
42444CB00008B/1541